U0143193

未完的五四

历史现场和思想对话

陈平原　著

北京大学出版社

PEKING UNIVERSITY PRESS

图书在版编目（CIP）数据

未完的五四：历史现场和思想对话 / 陈平原著. —北京：北京大学出版社，
2024.3

（陈平原著作系列）

ISBN 978-7-301-34391-3

Ⅰ. ①未⋯ Ⅱ. ①陈⋯ Ⅲ. ①五四精神 – 文集 Ⅳ. ① D432.62–53

中国国家版本馆 CIP 数据核字（2023）第 248662 号

书　　　名	未完的五四：历史现场和思想对话
	WEIWAN DE WUSI: LISHI XIANCHANG HE SIXIANG DUIHUA
著作责任者	陈平原　著
责 任 编 辑	高　迪　张文礼
标 准 书 号	ISBN 978-7-301-34391-3
出 版 发 行	北京大学出版社
地　　　址	北京市海淀区成府路 205 号　100871
网　　　址	http://www.pup.cn　新浪微博 @ 北京大学出版社
电 子 邮 箱	编辑部 wsz@pup.cn　总编室 zpup@pup.cn
电　　　话	邮购部 010–62752015　发行部 010–62750672
	编辑部 010–62767315
印 刷 者	涿州市星河印刷有限公司
经 销 者	新华书店
	650 毫米 ×980 毫米　16 开本　17.25 印张　198 千字
	2024 年 3 月第 1 版　2024 年 5 月第 2 次印刷
定　　　价	88.00 元

目　次

附录

北大增订版序

在港中大增订版序中，我交代了此书的编辑出版过程，其中有这么一段："在一个专业化时代，谈论五四这样兼及历史与现实的话题，我不仅需要撰写多次获奖且有英译本的《触摸历史与进入五四》，也不惮超越专业视野，追求具有某种内在精神力量的论述。这也是我之所以偏爱眼前这册不怎么专业、近乎'有我之学'的小书的缘故。"

作为我的"五四研究"三书之一，此书的优势与缺憾都很明显。文章长短不一，且有重复之处，但"能有若干专业发现、三两篇好文章，或十句八句精彩的话被记忆下来，乃至传播开去"，这点我很自信。

不按写作顺序，选择《为何不断与五四对话》作为开篇，那是因此文最能体现作者那些"压在纸背的心情"。该文初刊《文艺争鸣》2018 年第 9 期，同期还有一组围绕《作为一种思想操练的五四》展开的文章，包括欧阳哲生的《新世纪五四话语的演进》、杨联芬的《思想操练与五四遗产》、贺桂梅的《以五四为磨砺之石，探寻知识主体的位置》、孔庆东的《五四与二马——读陈平原〈作为一种思想操练的五四〉》、杨早的《第三个"五四"："新文化"

怎样流播?》、程凯的《重返"危机时代"——一种通向五四的路径》、张丽华的《五四：一个尚未闭合的文本》、季剑青的《激活历史的方法——读〈作为一种思想操练的五四〉》，以及袁一丹的《绣花针与狼牙棒》。这些文章，乃一次学术对话的结晶。

2018年5月25日，北京大学人文社会科学研究院与北京大学中文系合作主办了"作为一种思想操练的五四"学术论坛。这也是北京大学为纪念五四百年举行的首场学术活动。我应邀做了题为《为何必须不断地与五四对话》的主旨发言，除了上述文章作者，发言的还有吴晓东、解志熙、王风等教授。2018年6月30日的《北京青年报》，曾以《对话"五四"：理解历史与关怀时代——陈平原新书研讨：思想操练的迫切 压在纸背的心情》(李浴洋)为题，对此次活动做了长篇报道。其中论坛召集人吴晓东教授称："'五四'是一个被逐渐讲述出来的'故事'，而陈平原正是当代最主要的讲述者之一"；其"五四故事"有三大特征："长时段的历史视野""现实感与介入性""大局观念"。所谓"大局观念"，指的是"不再将'五四'与'传统'简单对立，而是借鉴传统中国的文化资源深化了对于'五四'的理解，同时把思想、学术、文化与教育作为一个整体进行分析，更为全面地把握了现代中国转型的丰富面向与内在机制"。

撇开若干溢美之词，此次论坛的问题意识很明显，那就是：我们今天有无需要／能力／机缘与日渐隐入历史深处的五四展开深入细致的学术及思想对话。参加论坛的每位学者，其实都有自己的五四观，只不过借新书出版的机缘，阐发各自的政治、文化、学术立场。这也正是我所说的五四作为论题的重要性，即用来砥砺思想与学问的"磨刀石"。

我对本书的自信，不在某些具体结论，而在论述姿态——包括立场、热情、诚意与技巧，相信能激活不少有趣的话题。在这个意义上，我仍坚持初版序言的说法："如此单刀直入，若能勾起读者对五四的兴致，进而阅读、思考与争辩，则本书'功莫大焉'。"

2023 年 2 月 25 日于京西圆明园花园

港中大增订版序

去年初春，北大开启"校友终身学习计划"，第一讲选择我的《五四运动与北京大学》，据说是斟酌再三，既考虑讲者，更顾及论题，希望能吸引尽可能多的校友，实现"开门红"。预定播出时间是 2021 年 5 月 4 日上午 10 点至 12 点，可那个时间段我刚好有课，只好采取录播的方式。

两个小时的讲座，主要面向全球的北大校友，没有边界，超越专业，不设答问。主办者是北京大学校友会，除了要求政治上稳妥，别的没什么禁忌。我做过中山大学北京校友会会长，深知校友之间因年龄、学科、职业、地位等差异，立场及趣味真的是千差万别。涉及大的历史阐释与现实判断，更是矛盾重重，用年轻人的话说，"友谊的小船说翻就翻"。既然没办法全面讨好，那就照直说——不考虑听众趣味，就用我平日讲课的姿态。

讲座的主体部分，借用了我的两篇文章——《危机时刻的阅读、思考与表述》（2019）、《"少年意气"与"家国情怀"》（2010），后面则引申开去，谈论作为方法的"触摸历史"，以及作为功能的"思想操练"，顺带介绍我在北大出版社刊行的《作为一种思想操练的五四》（2018）。最后一张PPT，谈"为何不断地跟五四对话"，

用的是我书中的一段话："其实，所有重大的历史事件，也都是在
这种不断的对话中产生意义的。就像法国人不断跟 1789 年的法国
大革命对话、跟 1968 年的'五月风暴'对话，中国人也需要不断
地跟五四等'关键时刻'对话。这个过程，可以训练思想，积聚
力量，培养历史感，以更加开阔的视野，来面对日益纷纭复杂的
世界。"

讲座内容属于老话重提，只不过略加剪辑与发挥，说实话，
我没太用力，也未有大的期待。因我在北大为研究生开设过两轮
"北京大学与新文化运动"专题课（2015 年秋、2018 年秋），修课学生
以中文系为主，兼及人文及社科各院系，反响还可以，但说不上
热烈。学生的期末作业中规中矩，属于专业化操作，我推荐了好
几篇在刊物发表。但有一点，无论听课还是讨论，学生们都过于
平静，似乎读不出老师那些"压在纸背的心情"。

真没想到，这回面向全球北大校友演讲，效果竟出奇的好。
先是讲座播出的当天下午，北大校友会副秘书长发来短信："汇
总的总流量为 242189。陈老师，这个数字远远超过我们的想象。
更重要的是，很多地方校友组织纷纷询问如何回看，因很多校友
在旅游，无法静心看。对您和北大评价之高，让我们都很感动。"
这还只是当天的统计数字，事后应该还有回看的。果然，一周
后，校友会秘书长告知，此讲座的点击量超过 36 万，让他们大喜
过望。

而让我"大喜过望"的则是，讲座播出一个半小时后，我
接到了香港中文大学出版社社长甘琦的电话，说她看了视频很激

动，建议以此讲座为基础，制作一本小书。我半信半疑，漫而应之。作为声名远扬的出版家，甘琦早年毕业于北大历史系，对母校以及五四特别有感情，这很正常。可出版不仅仅是文化事业，还必须有商业方面的考虑。我在港中大教过书，也与香港三联书店、香港中和出版有限公司等多有合作，深知香港出版学术书籍之艰难。因此，发去她索要的讲座PPT以及若干篇我谈五四的文章，就此搁下，不再挂念。

未曾想，十个月后，甘琦居然来信，说疫情期间多有耽搁，但这书还是要做的，已安排好责编林骁与我联系。看了林骁发来的以讲座为线索，穿插进好些我以前文章片段的制作方案，我不以为然，当即回了一封不太礼貌的信：

> 看了发来的书稿，知道你花了不少心思，希望尽可能适应香港读者的趣味。可恕我直言，这个摘编而成的书稿，很可能上下都不着边际，说雅不雅，说俗不俗。另外，还有个现实问题，你想收录的那篇《五月四日那一天》，原是《触摸历史——五四人物与现代中国》的导言。三年前，香港中和出版有限公司曾推出增订版的《触摸历史——五四人物与现代中国》，现仍在版权期。
>
> 你跟甘琦商量，或者放弃此选题，因改造难度太大，且效果不见得好；或者以北大版的《作为一种思想操练的五四》为主干，删去对话与短文，增收这几年新写的文章。属于小型的专题文集（15万字左右），但不是普及读物。

按常规，碰到我这样不识抬举的作者，十有八九，编辑会马上放弃的。没想到林骁不屈不挠，说这事可以商量，就照你的思路，改为刊行《作为一种思想操练的五四》增订版。

难得碰到这么认真执着的编辑，落实社长的指示，非要把这书做出来且做好不可。于是，我们进入具体的协商编辑流程。来回切磋了好几次，终于敲定，所有文章重新编排，依内在逻辑而不是写作时间，分成环环相扣的五辑："作为一种思想操练的五四""多元并存的五四时代""两代人的合力""五四的阐释和传播史""我的五四之路"。每辑文章前面，加一段从我文章中摘出来的"隽语"，既是警醒，也是路标，方便读者进入。经由这一番调整，全书宗旨及整体思路显得豁然开朗。

顺便说一句，我原本建议删去四篇访谈，但林骁认为应该保留。因为答问涉及许多话题，脱口而出，有很多精彩的判断，"有些话说得比文章里还痛快，删了可惜"。可见我还是放不下"学问"与"文章"，而责编则更多从香港读者角度考虑，关注的是"话题"与"感怀"。

事后想想，她的考虑是对的。即便增加了七篇新作，此书依旧如初版序言所言，并非立论谨严的史著，而是带有论战性质的评说："有论文，有随笔，也有答问，只是在将五四作为思想的磨刀石这一点上，取共同立场。"可我并不因此而自卑。在一个专业化时代，谈论五四这样兼及历史与现实的话题，我不仅需要撰写多次获奖且有英译本的《触摸历史与进入五四》，也不惮超越专业视野，追求具有某种内在精神力量的论述。这也是我之所以偏爱眼前这册不怎么专业、近乎"有我之学"的小书的缘故。

书中各文写于不同时期，事先没有统一规划，落笔难免有些重复，此乃明显的缺憾。但我想作为一个读书人，谈论五四这样充满思辨与激情的巨大话题，能有若干专业发现、三两篇好文章，或十句八句精彩的话被记忆下来，乃至传播开去，那就已经了不起了。

《作为一种思想操练的五四》初版 2018 年 4 月由北京大学出版社推出，这回的增订版，增加《危机时刻的阅读、思考与表述》《互相包孕的"五四"与"新文化"》《新文化运动中"偏师"的作用及价值》《直面核心文本》《为何不断与五四对话》《从"触摸历史"到"思想操练"》《我的五四百年》等七文。关键不在于字数增加了一半，而是全书结构及精神面貌发生了巨大变化，这很大程度得益于香港中文大学出版社的立意、催促与支招，特此致谢。

最后，还必须说说我与港中大的奇妙因缘。1991 年春，我曾以访问学者身份在此研究三个月，那时来去匆匆，没有多少感觉。2008 年 1 月起，我有幸成为第五任港中大"中国语言及文学讲座教授"，后因工作需要，改为北大与港中大双聘，一直到 2015 年 1 月全职回归北大。这期间，我为研究生讲授的专题课，除了港中大特有的重头戏"讲论会"，再就是每学期内容迥异的"现代文学专题研究"，包括《中国新文学大系》研究、都市与文学、中国现代文学与文化、中国大学与中国文学、中国现代文学学科史、鲁迅与胡适等。可以这么说，帮港中大中文系的研究生教育补上以五四为标志的现代中国文学、教育、思想、学术，是我小小的贡献。除了教学相长，与港中大教师及研究生也结下了深厚情谊，我还得以从容观察这所名校的制度与文化。撰写《中文系的使命与情怀——20世纪五六十年代北大、台大、港中大的"文学教育"》[《清华大学学报（哲学社会科学版）》2014年第4期]这样的专业论文，自然得益于港中大图书馆保存的档案；至于为中国学界呈献《大学小言——我眼中的北大与港中大》[三联书店（香港）有限公司，2014年4月；生活·读书·新知三联书店，2014年6月]，以及《内地/香港互参：中国大学的独立与自信》（《探索与争鸣》2014年第9期）、《从"大侠"到"大学"——香港文化形象的嬗变》（2014年9月26日《南方周末》）等文，更是与我在港中大的教学经历密不可分。

在港教书期间，我使用最多的生活设施，莫过于中大富尔敦楼的银行、超市与书店——此书店集中销售香港中文大学出版社出版物，我曾多次流连。如今，能厕身其中，我深感荣幸。

2022年5月20日于京西圆明园花园

附　记

考虑到香港读者的历史视野与阅读兴趣，经与甘琦、林骁协商，港中大推出的《作为一种思想操练的五四》增订版，改书名为《未完的五四：历史现场和思想对话》。这里的"未完"，指的是未完成、未完美、未完结、未完待续等。

初版序言

硕士及博士阶段专攻中国现代文学，自然而然，人生及学术路上，不断与五四对话。谈论小说叙事模式（《中国小说叙事模式的转变》，上海人民出版社，1988 年），辨析现代学术转型（《中国现代学术之建立》，北京大学出版社，1998 年），五四当然是重要的支点。至于直接讨论新文化运动的，起码有《触摸历史与进入五四》（北京大学出版社，2005 年；*Touches of History: An Entry into 'May Fourth' China*, translated by Michel Hockx, Leiden, Boston：Brill Academic Publishers，2011），以及《"新文化"的崛起与流播》（北京大学出版社，2015 年）。此外，还与夏晓虹合编过《触摸历史——五四人物与现代中国》（广州出版社，1999 年；北京大学出版社，2009 年）。清点下来，很遗憾，关于五四运动，我至今没有总括性著作。其中一个重要原因是，我始终认定，"新文化"是晚清与五四两代人共同创造的（参见本书《"新文化"如何"运动"——关于"两代人的合力"》）。这一兼及晚清与五四的思路，目前在学界仍属边缘，需打好地基，方能有大的建构。

除了收入本书的诸文，我还有若干关于五四的应景之作。说"应景"并无忏悔的意味，对于研究现代中国文学 / 文化 / 思想 / 政治的学者来说，因五四而切入当下话题，乃责无旁贷。因为，

10

就像我在别处说过的，五四之于我辈，既是历史，也是现实；既是学术，更是精神。

本书所收十一文，长短及体例不一，有论文，有随笔，也有答问。只是在将五四作为思想的磨刀石这一点上，取共同立场。答问部分夹杂个人阅历与感受，明显带有主观性。可即便是专业论文，也都是历史研究与现实关怀相互缠绕。若《"少年意气"与"家国情怀"——北大学生之"五四记忆"》与《波诡云谲的追忆、阐释与重构——解读五四言说史》二文，自认颇为用力，且不无新意，可有心人照样能读出那些压在纸背的心情。

在这个意义上，本书并非立论谨严的史著，而是带有论战性质的评论。也正因此，不列参考书目（只是随文注出），也不强求体例一致。如此单刀直入，若能勾起读者对五四的兴致，进而阅读、思考与争辩，则本书"功莫大焉"。

2017 年 4 月 30 日于京西圆明园花园

作为一种思想操练的五四

　　人类历史上，有过许多"关键时刻"，其巨大的辐射力量，对后世产生了决定性影响。不管你喜欢不喜欢，你都必须认真面对，这样，才能在沉思与对话中，获得前进的方向感与原动力。对于 20 世纪中国思想文化进程来说，五四便扮演了这样的重要角色。

· 为何不断与五四对话
· 走不出的五四？
· 作为一种思想操练的五四

为何不断与五四对话

一

就像书名显示的，这本新书的写作①，对我来说，也是一种思想操练。如此比喻，不是一时心血来潮，而是长期酝酿的结果。十三年前我出版《触摸历史与进入五四》，在"导言"中提及"人类历史上，有过许多'关键时刻'，其巨大的辐射力量，对后世产生了决定性影响"。"对于20世纪中国思想文化进程来说，'五四'便扮演了这样的重要角色。作为后来者，我们必须跟诸如'五四'（包括思想学说、文化潮流、政治运作等）这样的关键时刻、关键人物、关键学说，保持不断的对话关系。这是一种必要的'思维操练'，也是走向'心灵成熟'的必由之路。"②这段话，我在作为新书打头的同题文章中有所引述，且做了进一步的发挥：

> 我的基本立场是：尊重古典中国的精神遗产，但更迷恋复杂、喧嚣却生气淋漓的"五四"新文化。我曾说过："就像

---

① 陈平原：《作为一种思想操练的五四》，北京：北京大学出版社，2018年。
② 陈平原：《触摸历史与进入五四》第3页，北京：北京大学出版社，2005年。

> 法国人不断跟 1789 年的法国大革命对话、跟 1968 年的'五月风暴'对话，中国人也需要不断地跟'五四'等'关键时刻'对话。这个过程，可以训练思想，积聚力量，培养历史感，以更加开阔的视野，来面对日益纷纭复杂的世界。"① 在这个意义上，对于今日的中国人来说，"五四"既非榜样，也非毒药，而更像是用来砥砺思想与学问的"磨刀石"。②

不管是"思想操练"还是"磨刀石"，都只是比喻，且只可意会难以言传。不过有一点，当我这么表述的时候，与其说是对学界的要求，不如说是对自己的期待。实际上，我也正是在与五四的不断对话中，逐渐提升自己的学问及精神境界。

1982 年春，我开始在中山大学攻读硕士学位，撰写的第一篇学术论文即《论白话文运动》。为什么学"中国现代文学"专业？因为七七级大学生初入校门便躬逢思想解放运动，普遍认为自己的办杂志、写文章、谈国事等，是接着五四新文化人的。六十年一甲子，在精神上，1979 年是承接 1919 年。为什么从"白话文运动"入手？因不满那时学界基于政治立场而对白话文运动主将胡适的刻意贬低，某种意义上，这也是在呼应现代文学界已经风生水起的"拨乱反正"。这两点都很显豁，过来人一眼就能看清。需要说明的是第三点，那时我正对美学感兴趣，拒绝争论《文学改良刍议》是不是形式主义。在我看来，形式不仅仅是技术问题，而是

---

① 参见陈平原《走不出的"五四"？》，2009 年 4 月 15 日《中华读书报》。

② 陈平原：《作为一种"思想操练"的"五四"》，《探索与争鸣》2015 年第 7 期。

蕴涵着一个时代的意识形态以及一代人的审美感觉。因此，应该"不把文学形式看成单纯的形式，而是看成积淀着丰富思想内涵的'有意味的形式'；不把文学形式革命看成单纯的形式变更，而是看成整个社会价值标准和审美趣味的转换"①。因刚刚入门，读书不多，论述自然相当粗疏，但大思路还是可取的。而关注"有意味的形式"，日后甚至影响我的博士论文选题及写作。谈论小说的"叙事模式"而非"思想内容"，从形式角度来阐释晚清及五四的文学革命，算是我对中国学界的一点贡献②。

其实，更重要的是，我从此与"新文化"结下了不解之缘。唯一需要说明的是，我心目中的五四，不限于1919年，也不限于1917—1922年，我谈五四，往往兼及晚清。在《中国小说叙事模式的转变》的"导言"中，我谈及为何"把梁启超、吴趼人、林纾为代表的'新小说'家和鲁迅、郁达夫、叶圣陶为代表的五四作家放在一起论述，强调他们共同完成了中国小说叙事模式的转变"③。十年后，在《中国现代学术之建立》的"导言"中，我再次强调："晚清和五四两代学人的'共谋'，开创了中国现代学术的新天地。"④而到了《触摸历史与进入五四》，依旧主张谈论

---

① 陈平原：《论白话文运动》，《中山大学研究生学刊》1982年第3期。此文日后收入《在东西方文化碰撞中》，杭州：浙江文艺出版社，1987年；上海：华东师范大学出版社，2014年。

② 初刊1988年的《中国小说叙事模式的转变》（上海：上海人民出版社），1995年获教育部颁发的首届中国高校人文社会科学研究优秀成果二等奖，2017年12月更获得目前中国人文学界最重要的思勉原创奖（第四届）。

③ 陈平原：《中国小说叙事模式的转变》第30—31页，上海：上海人民出版社，1988年。

④ 陈平原：《中国现代学术之建立——以章太炎、胡适之为中心》第6页，北京：北京大学出版社，1998年。

"五四"必须兼及"晚清"，"正是这两代人的合谋与合力，完成了中国文化从古典到现代的转型"。[①] 如此学术立场，在中外学界，比较接近的是张灏先生[②]。

因主要关注晚清以降的思想、文化、文学、教育，我的大部分著作都会涉及五四，但真正以五四为主角的，是以下三书：《触摸历史与进入五四》，北京大学出版社，2005 年（*Touches of History: An Entry into 'May Fourth' China*, translated by Michel Hockx, Leiden, Boston: Brill Academic Publishers, 2011）；《"新文化"的崛起与流播》，北京大学出版社，2015 年；《作为一种思想操练的五四》，北京大学出版社，2018 年。略感遗憾的是，三书都是论文集，而不是起承转合布局匀称的专著。这里没有独尊专著的意思，而是因中外学界关于五四的著作很多，我为了趋避而舍弃若干重要命题，不免有点可惜。

在《触摸历史与进入五四》的英译本序中，我提及："五四之所以能吸引一代代读书人，不断跟它对话，并非'滥得虚名'，主要还是事件本身的质量决定的。必须承认，一代代读者都与它对话，这会造成一个不断增值的过程；可只有当事件本身具备某种特殊的精神魅力以及无限丰富性，才可能召唤一代代的读者。"但另一方面，我又表示担忧："过于热闹的'五四纪念'，诱使不同政治力量都来附庸风雅，导致'五四形象'夸张、扭曲、变形。"[③]

---

① 陈平原：《触摸历史与进入五四》第 3 页。

② 参见陈平原《"新文化"如何"运动"——关于"两代人的合力"》，《中国文化》2015 年秋季号。

③ 参见陈平原《自序自跋》第 197—198 页，北京：生活·读书·新知三联书店，2014 年。

如此立说，不仅关注五四的实际内涵，更关注五四形象在整个 20 世纪中国的影响、传播与流变。也正因此，我的五四论述，不纯然是史学研究，更包含思想辨析与现实论战。

二

与研究唐诗宋词或李白杜甫不同，谈论五四的，不管左中右，都很容易与现实政治发生纠葛。北大百年校庆前后，我因将这所大学置于教育史、思想史、学术史的脉络中考察，不能不牵涉其与五四运动千丝万缕的联系。权威的《北京大学校史》将蒋梦麟校长推崇美国大学模式及其正规化教学思想，说成是为了配合国民党的思想控制，我之表示不以为然，其逻辑起点是以教育而非党派的立场来谈论五四前后北大的得失。对于此文的批评虽不太公正，但态度还算温和①。接下来可就不一样了，真的是风雨满楼。我和夏晓虹合作主编的《触摸历史——五四人物与现代中国》（广州出版社，1999 年）出版后，得到学界的普遍好评，1999 年 5 月 4 日《中国图书商报·书评周刊》用一整版的篇幅予以介绍，且摘录了若干配有头像的人物点评，其中恰好没有李大钊。这本是报纸编排及读者趣味的问题，跟我们没有任何关系。但有心人四处告状，害得我不得不捧着原书，翻开第 72—80 页，让领导明

---

① 参见校史编者的《就〈北京大学校史〉说几句话——顺答陈平原君》，《北京大学学报（哲学社会科学版）》1998 年第 3 期，以及陈平原《大学史的写作及其他——兼答〈北京大学校史〉编者》，《读书》2000 年第 2 期。

白我没有刻意抹杀李大钊。可这不管用，该来的还是来了。当年影响颇大的《中流》杂志 1999 年第 5 期上发表《好一个"五四不吃香了，怎么办？"》，连《北大校庆：为何改期？》（《读书》1998 年第 3 期）带《触摸历史——五四人物与现代中国》一起批，说我的论述框架是"国内外敌对势力梦寐以求的"，而"真正的共产党员，是不容许这样的事情发生的"。①此文除了帽子特吓人，还专门送达各有关部门，以致不止一位领导对我的"思想倾向"提出批评。好在北大校方大度，我的抗压力也比较强，取消学术荣誉无所谓，只要能上课就行。也幸亏那时整个学术环境宽松，否则，这将可能成为一个年轻教授过不去的坎。

同年，北大主办纪念五四的国际学术研讨会，季羡林、汤一介出面邀请海外客人周策纵、唐德刚、林毓生、陈方正，以及上海的王元化等，到西山大觉寺继续座谈。王先生的《九十年代日记》（浙江人民出版社，2001 年）详细记载此事，对北京学者的过于懒散不无遗憾："原来想让大家各抒己见的计划也就成为泡影了。下午大家坐在院中看茶道，实际只是在那里休息而已。"会议由我主持，先请性格温和，讲话不出格的汤一介、王元化多说，下午则干脆改为品茗聊天。我知道有嘉宾不满意，但也只能这样了。②

又过了十年，2009 年 4 月，我在北大主办"五四与中国现当代文学"国际学术研讨会，同样一波三折。会议是正式呈报且获

---

① 参见修订版《老北大的故事》（北京：北京大学出版社，2015 年）中的《"触摸历史"之后》和《〈北大精神及其他〉后记》。

② 参见陈平原《在学术与思想之间——王元化先生的"九十年代"》，《书城》2010 年第 12 期。

得学校批准的。会议第一天没问题，第二天下午的提问环节出了纰漏，有不速之客拿过学生手中的话筒，发表很不妥当的政治言论，我不得不当场制止，且要求与会代表千万别扩散，否则我吃不了兜着走。

一二十年后回头看，这些都不过是茶杯里的风波；可在当时，却是很难跨越的障碍。这就谈到关注五四话题，不管你有心还是无意，稍不留神就会在阴沟里翻船，或成了风口上的小猪。这是一个风险与机遇并存、可能引领风气也可能曲学阿世的领域。

谈李白杜甫或儒家法家，也可能卷入政治旋涡（想想"文化大革命"的例子）。但比起五四话题来，还是保险很多。起码被批评的人不会对号入座，你也较难借题发挥。《触摸历史与进入五四》第一章《五月四日那一天——关于"五四"运动的另类叙述》完成于1999年初，因兼及文学与学术，最初是给《十月》杂志的，校样都排好了，上版时被主编扣住。编辑很委屈，将主编批改过的校样送我留念。真是不看不知道，一看吓一跳。接二连三的红线，一大堆的问号、感叹号，最后的批示是："为何这个时候大谈学生运动！"言下之意，你别有用心。一旦人家认定你是在指桑骂槐，你是辩不清的，只会越抹越黑。问题在于，谈五四，能完全绕开学生运动吗？

有时候觉得很委屈，原本十分丰富的话题，或相当深刻的见解，你只能点到为止，不敢深入开掘。后世学者看我们，大概会觉得很奇怪，为何说话吞吞吐吐，好像智商有问题。但另一方面，作为人文学者，我也无法保证一旦禁忌完全撤销，就一定能比现在做得更好。某种意义上，戴着镣铐跳舞，包含着自我克制，也蕴涵着学术激情，这是我们这代学人——尤其是中国现代文学研究者的宿命。

三

其实，每代人都有自己面对的困境与难题，就看你如何化腐朽为神奇。回应时代命题，正是晚清及五四新文化最为迷人的地方。白居易说"文章合为时而著，歌诗合为事而作"（《与元九书》），若非胶柱鼓瑟，是可以接受的。不要理解成趋时与媚俗，而是直面时代提出的难题，这就要求读书人（知识者）既非清高，也不迎合。《作为一种思想操练的五四》一书，殿后的是《整个20世纪都是五四的时代》，其中有这么一段："我猜测，三百年后再看，整个20世纪，就是一个五四的时代。就像我们今天谈启蒙运动，或者看法国大革命一样，都是余波荡漾，延续很长时间的。若用长时段的眼光，百年中国，波澜起伏，有各种偶然因素及复杂性，但如何直面西潮冲击，走出古典世界，这大趋势是第一位的。"当初还有一个大判断，没收入此访谈录中——回顾上下一千年的中国史，最有创造力的思想文化运动，非五四莫属。

我特别感慨的是，没有政权或经济、军事实力的支持，这两代读书人，只凭个人的志气与良知，以及那点在那个时代尚可炫耀的象征资本，居然打拼出一个新世界。后代读者看他们的文章，欣赏其豪气与才情，也会惊讶他们为何如此意气用事。请别忘了，他们是在大雾弥天、身处边缘的状态下，以赤手空拳来肉搏这无物之阵。这可不是什么人登高一呼，便大功告成，而是晚清以降众多仁人志士艰苦奋斗，一点一点地挤出来的独立自由空间。这里有天时地利人和，后世很难复制。我辈读书至此，不说废书长叹，也只能心向往之。

一代代读书人不断地与五四对话，除了"铁肩担道义，妙手著文章"的志向，以及老掉牙的"民主与科学"口号，更包含身处危局如何安身立命的艰难选择。不是所有危局都能转化为生机，且最终发展成为历史转折的"关键时刻"的，这里有浩浩荡荡的时代潮流，也有知识者能否挺身而出，抓住机遇，挥洒才情，书写得意篇章的问题。有时是大势不好，很难有所作为；有时则是当事人优柔寡断，机会稍纵即逝。身处学院，自认饱学之士的，往往苦于想到了，但没能做到。晚清及五四新文化人的剑及履及，实在让人羡慕。

俗话说，见贤思齐。我曾认真谈论"晚清的魅力"、"与学者结缘"的方式，以及人文学者整天与古往今来第一流人物打交道，这种"尚友古人"的美妙。①你整天读章太炎、梁启超、蔡元培、陈独秀、胡适与周氏兄弟等人的书，不能不对这些志向高远的"有学问的文人"和"有文采的学者"感兴趣。我说五四研究既是历史也是现实，既是学术更是精神，指的就是这个。随着中国学界

①　参见陈平原《晚清的魅力》，《美文》1995年第10期；《与学者结缘》，1995年9月30日《文汇读书周报》；《人文学的困境、魅力及出路》，《现代中国》第9辑，北京：北京大学出版社，2007年7月。

专业化程度日益提升，今天的博士教授，都有很好的学术训练，但在专业研究之外，有没有回应各种社会难题的愿望与能力，则值得怀疑。原本就与现实政治与日常生活紧密相连的中国现代文学专业，若失去这种介入现实的愿望与能力，其功用与魅力将大为减少。把鲁迅研究、胡适研究做得跟李白研究、杜甫研究一样精细，不是我们现代文学学科的目标。经典化与战斗性，犹如车之两轮，保证这个学科还能不断往前推进。

关于这个问题，在不同时期，我有不同论述。比如谈五四，1993年我写了《走出"五四"》，2009年我又说《走不出的"五四"？》，2017年则是《"五四"，永远的精神标杆》。立场之所以显得有些游移，一是回应社会思潮，参与时代的对话；二是不断地进行自我调整，确立工作的意义及策略。除了话语方式的变化，也有不变的宗旨或根基。具体说来，便是以晚清及五四新文化人为榜样，根据自家学养及工作性质，确定了两套笔墨（专著与随感），三种身份（教授、学者、知识者），以及四个支柱（学以救弊、学贵独立、学在民间、学为政本）。这方面，有兴趣的朋友，可以参阅我1990年代初写的三篇文章：《学者的人间情怀》《当代中国人文学者的命运及其选择》《知识者介入社会的特殊途径》[①]。此后二十多年，虽有

---

① 参见陈平原《学者的人间情怀》，《读书》1993年第5期，收入《学者的人间情怀》（珠海：珠海出版社，1995年；增订版，北京：生活·读书·新知三联书店，2007年）；《当代中国人文学者的命运及其选择》，《东方》创刊号，1993年10月，收入《当代中国人文观察》（北京：人民文学出版社，2004年；增订版，北京：北京大学出版社，2010年）；《知识者介入社会的特殊途径》，《书城》1996年第3期，收入《当年游侠人——现代中国的文人与学者》（台北：二鱼文化，2003年；增订版，北京：生活·读书·新知三联书店，2006年）。

微调，但都在这一思路的延长线上。比如编辑民间刊物，组织学术丛书，讨论学术规范，辨析大学精神，重建地方文化等，都是在寻求一个人文学者超越专业之外的工作意义。有专业但不囿于专业，能文章而不限于文章，这是我对自己的要求。这么做，在当代中国大学评价体系里，不仅不加分，说不定还会踩红线。之所以甘之如饴，因那是我所敬仰的晚清及五四新文化人的立场及姿态。

记得当年我出版《中国现代学术之建立》[①]，好些朋友撰写书评，评价有高低，但都承认阅读时很受感动。学术著作之所以能让人感动，那是因为你谈论的话题具有普遍性，且触及一代人的敏感神经。读者在阅读时，不自觉地把自己的困境与经验带进去，与作者一起思考，一同探索。可这书在台北出版时，有历史系教授批评其专业性不够。这里有作者能力问题，但也与语境相关，相互隔膜之际，很难感同身受。这就说到人文学的意义与局限，你不能不贴着你赖以生存及耕耘的这块土地思考与表达；可一旦这么做，又可能让局外人"无感"。

我深受五四新文化人影响，谈及学问，对回应时代话题有很高的期待。十年前，我谈人文学的困境、魅力及出路："我想象中的人文学，必须是学问中有'人'——喜怒哀乐，感慨情怀，以及特定时刻的个人心境等，都制约着我们对课题的选择以及研究的推进。做学问，不仅仅是一种技术活儿。假如将'学问'做成

---

① 陈平原：《中国现代学术之建立——以章太炎、胡适之为中心》，北京：北京大学出版社，1998 年；台北：麦田出版，2000 年。

了熟练的'技术活儿'，没有个人情怀在里面，对于人文学者来说，是一个很大的悲哀。"①对于晚清及五四新文化，我不仅研究，而且追摹，虽不见得成功，但毕竟努力过了，有几分精神遗存，这就够了。

最后说一句，之所以在这个时候推出《作为一种思想操练的五四》，以及举办相关座谈会，是为了五四运动一百周年。明年的五四纪念，从政府到民间，将会有很多活动。基于我对"五四言说史"的了解，明年的论述很难有大的突破，不太可能是学术研究上的"大年"。在我有限的视野中，1939年的确立"青年节"，有特殊的政治意义；1959年的征集大量史料，有很好的学术价值；1979年恰逢改革开放，兼及政治与学术，成果最为丰硕。明年的五四纪念，很可能是热闹有余而成果不足。既然如此，那就避开热闹，学民间过虚岁，我们提前纪念。

2018年7月24日于京西圆明园花园

（初刊《文艺争鸣》2018年第9期，人大报刊复印

资料《中国现代、当代文学研究》2018年第12期转载）

---

① 参见陈平原《人文学的困境、魅力及出路》，《读书的风景——大学生活之春花秋月》第253页，北京：北京大学出版社，2012年。

走不出的五四？

你问我为何一直关注和研究五四，道理很简单，首先，对我来说，这既是专业，也是人生。我1978年春上大学，赶上思想解放运动，那时候，我们模仿五四时代的"新青年"，谈启蒙，办杂志、思考中国的命运。后来念研究生，学的是中国现代文学，那就更得跟五四对话了。其次，我在北大读博士，毕业后长期在这所大学教书，而对于北大人来说，五四是个值得永远追怀的关键时刻。无论学术、思想还是文章趣味，我自觉跟五四新文化血脉相通。最后，这也与我近年关注现代中国大学命运有关。最近十几年，在文学史、学术史之外，大学史成了我另一个论述的焦点。在我看来，大学不仅仅是生产知识，培养学生，出科研结果，出各种"大师"，大学还有一个义不容辞的责任，那就是通过知识和思想的力量，介入当代中国的社会变革。在我心目中，这是"好大学"的一个重要标志。五四时期的北大，就是这样的典型——它抓住了从传统中国向现代中国转折这么一个千载难逢的好时机，将其"才华"发挥到淋漓尽致。别看世界上那么多一流大学，真有北大那样的机遇、那样的贡献的，还真不多。在一个关键性的历史时刻，深度介入、有效引领，乃至促成某种社会变革，五四时期的北大，让后人歆羡不已。

我所学的专业，使我无论如何绕不过五四这个巨大的存在；作为一个北大教授，我当然乐意谈论"光辉的五四"；而作为对现代大学充满关怀、对中国大学往哪里走心存疑虑的人文学者，我必须直面五四新文化人的洞见与偏见。在这个意义上，不断跟五四对话，那是我的宿命。

1993年，在北大中文系"纪念五四学术研讨会"上，我发表了《走出"五四"》。在当时的我看来，就像所有光辉的历史人物或历史事件一样，五四当然也有其局限性。就拿学术研究为例，五四所建立起来的那一套学术范式，可简要概括为：西化的思想背景、专才的教育体制、泛政治化的学术追求、以"进化""疑古""平民"为代表的研究思路。这一范式，对20世纪中国学术、思想、文化建设，发挥了很大作用，但也产生了若干流弊。政治学家讨论激进主义的利弊，历史学家重评儒家文化的功过，文学史家反省平民文学崇拜，所有这些，都是力图在学术层面上"走出五四"。

当然，这种提问题的方式，与八九十年代的学术转型，应该说是有关系的。受历史情境制约，有些问题你一时难以公开讨论，无法像鲁迅那样"直面惨淡的人生"。但是，这一学术转折，不完全系于政治环境，也有其内在理路。1980年代流行宏大叙事，有理想，有激情，想象力丰富，但论述上稍嫌空泛。我们满腔热情做的，就是用西学来剪裁中国文化；那些对于传统中国痛心疾首的批评，有真知，也有偏见。最大的贡献是，我们用浓缩的办法，重新接纳汹涌澎湃的西学大潮。之所以提"走出五四"，是想清理自己的思路。1980 年代的口号是"拨乱反正"，哪里是"正"，如何返回？一开始想恢复五六十年代的思想文化，后来发现，那是建立在五四论述的基础上。于是，我开始清理从晚清到五四所建立起来的那一套思想及学术范式。

你问我为什么把晚清和五四捆绑在一起讨论？1990 年代以前，学者普遍关注五四；1990 年代以后，很多人转而关注晚清。这是近二十年中国学术发展的大趋势。我的立场有点特别，谈论五四时，格外关注"五四中的晚清"；反过来，研究晚清时，则努力开掘"晚清中的五四"。因为，在我看来，正是这两代人的合谋与合力，完成了中国文化从古典到现代的转型。这种兼及五四与晚清的学术思路，使得我必须左右开弓——此前主要为思想史及文学史上的晚清争地位；最近十年，随着晚清研究的迅速崛起，学者颇有将五四漫画化的，我的工作重点于是转为着力阐述五四的精神魅力及其复杂性。

我可能是最早有意识地把晚清和五四捆绑在一起，加以认真辨析的学人。因为，我始终认为，就年龄而言，晚清和五四是两代人；但在 19 世纪末 20 世纪初中国思想学术的转折关头，这两代人面对同样的问题，其知识结构与思想方式大同小异，可以放在一起讨论。这还不算他们之间有很多人是"谊兼师友"。大家不要以为，五四的时候，梁启超他们已经退出历史舞台，不再发挥作用了。其实，不是这样的。我和夏晓虹主编的《触摸历史——五四人物与现代中国》(广州出版社，1999 年；北京大学出版社，2009 年)，既谈论"为人师表"的蔡元培、陈独秀、李大钊、胡适，也涉及"横空出世"的傅斯年、罗家伦、邓中夏、杨振声；还有就是梁启超、康有为、章太炎、严复等人，他们同样在五四新文化运动中发挥作用。两代人之间，有区隔，但更有联系；尤其是放长视野，这一点看得更清晰。他们的工作目标大体一致，比如思想革命、教育改革、提倡白话文、接纳域外文学等，很多想法是一脉相承的。在这个意义上，他们共同完成了这个社会转型。因此，我更愿意把这两代人放在一起论述——既不独尊五四，也不偏爱晚清。

当然，每代人都有自己的特点，上一代人和下一代人之间，总是会有缝隙，有矛盾，甚至互相争夺生存空间和历史舞台。问题在于，今天我们所理解的中国思想、学术、文化、文学的转型，是在他们手中完成的。正因此，大家不太谈晚清的时候，我会强调晚清的意义；大家都来关注晚清，我就转而强调五四的意义。在我看来，晚清与五四，本来就是一个不可分割的整体。

对于今天的中国人来说，不但晚清，连五四也是越来越遥远了。人们对五四的真实面貌以及历史场景，知道的越来越少，我们只记得一些抽象的概念，比如民主、科学、自由、平等。正因为越来越符号化了，曾经生机勃勃的五四，就变得不怎么可爱了。

在我看来，五四复杂得很，不仅仅是革命与复辟、激进与保守、进步与倒退、国故与西学这样的二元对立。若"回到现场"，你会发现，五四其实是个"众声喧哗"的时代。只不过经由几十年的阐释，某些场景凸显，某些记忆湮没，今人所知的五四，变成某种力量的"一枝独秀"，那很大程度缘于长期以来的意识形态宣传以及历史学家的误导。

学生抗议运动还在余波荡漾，命名就已经开始了。具体说来，就是 1919 年 5 月 26 日《每周评论》第 23 期上，罗家伦用"毅"的笔名，发表了《"五四运动"的精神》。也就是说，"五四运动"这个词，最早是由北大学生领袖罗家伦提出来的。事情还没完全过去，运动中人就已经给自己进行"历史定位"了，而且，这一定位还被后人接纳，这是很罕见的。此后，五四运动的当事人，不断地借周年纪念，追忆、讲述、阐释这一"伟大的爱国运动"。经由一次次的言说，关于五四的印象，逐渐被修正、被简化、被凝固起来了。

当然，会有这么一种情况，事件本身具有巨大的潜能，但因某种限制，缺乏深入的持续不断的对话、质疑与拷问，使得其潜藏的精神力量没有办法释放出来。比如说"文化大革命"，这绝对是个"重大课题"，只是目前我们没有能力直面如此惨淡的人生。五四不一样，几乎从一诞生就备受关注，其巨大潜能得到了很好的释放。九十年间，五四从未被真正冷落过，更不要说遗忘了。我们不断地赋予它各种意义，那些汗牛充栋的言说，有些是深刻挖掘，有些是老调重弹，也有些是过度阐释。说实话，我担忧的是，过于热闹的"五四纪念"，诱使不同政治力量都来附庸风雅，导致"五四形象"夸张、扭曲、变形。

记得十年前，我曾带着自己的学生，依据档案、日记、报道和回忆录，重构当年北大学生游行的全过程。拿着自己画的游行路线图，从沙滩北大红楼出发，以寻访者的身份，一路上指指点点、寻寻觅觅，顺带讲述各种有趣的故事。到了天安门广场，因正值"两会"期间，警察很紧张，深怕我们图谋不轨。解释了大半天，才放行；不过，催着快走，别停留。穿过东交民巷，转往东单，再折向赵家楼。还敲了门，走进去跟老住户聊天。那次"重走五四路"，北京电视台还派摄影追随，做成了专题片，可惜播出时没录下来。

虽然每年都有纪念，但五四离我们还是越来越遥远。希望弘扬"五四精神"的，以及主张打倒"五四传统"的，好多都是在空中打架，没有真正落到地面上来。我之所以试图重建历史现场，目的是恢复某种真切、生动、具体的历史感觉，避免因抽象化而失去原本充沛的生命力。历史事件早就远去，但有些东西我们必须记忆。没有大的历史视野，只记得若干琐碎的细节；或者反过来，沉迷在一些宏大叙事中，完全没有生活实感，二者都不理想。我们需要有大视野，同时也需要具体的历史细节。

看待历史事件，每代人都会戴上自己的有色眼镜，或者说"前理解"。这是所有历史学家都必须面对的困境与宿命。"所有的历史都是当代史"，这名言有其合理性；但沉湎于此，很容易变得自负、专横。历史学家所面对的，只是一堆五彩斑斓的"文明的碎片"；我们凭借专业知识，力图用这些有限的"碎片"来拼接、还原、重构历史，这本来就有很大的危险性。你要是心高气傲，根本不把古人放在眼里，肆意挥洒自己的才情与想象力，不扭曲那才怪呢。我们确实无法完全呈现早就失落的历史场景，但那就应该彻底舍弃吗？作为训练有素的观察者，我们有义务努力穿越各种迷雾，走近 / 走进那个事件的内核，跟历史对话。某种意义上，我们之"重返现场"，是知其不可而为之——借助这一寻寻觅觅的过程，跟五四新文化人进行直接的心灵对话。这样的"五四纪念"，既五彩缤纷，也充满动感，还跟每个寻觅者的心路历程联系在一起。这样的五四，方才"可信"，而且"可爱"。基于这一信念，进入新世纪以后，我改变论述策略，努力"走进五四"。

你问为什么？因为我觉得，"伟大的五四"越来越被悬置，高高地放在神龛上。这样做，效果不好。长期以来，我们确有将五四过分神圣化的倾向。现在又反过来了，颇有用轻蔑的语调谈论五四的——不就是几千学生上街吗，不就是烧房子打人吗，有什么了不起；再说，动作那么粗鲁，应追究刑事责任才对。面对如此"新解"，真不知道该怎么回答才好。记得鲁迅对国人不了解《儒林外史》的价值，曾发出这样的感叹："伟大也要有人懂。"再伟大的事件、著作、人物，若没有人真正跟它对话，没有让它回到人世间，就无法发挥真正的功力。人类历史上，有很多关键时刻，不管你喜欢不喜欢，你都必须跟它对话。事件已经过去了，但是它会转化成一种思想资料，不断地介入当下改革。五四就是这样的关键时刻。你可以从各种立场来谈，从各个角度去看，但是你不能漠视它的存在。

为什么需要不断地跟五四对话？五四对我们来说，既是历史，也是现实；既是学术，也是精神。不管你持什么立场，是保守还是激进，面对着如此巨大的存在，你不能视而不见。

对于政治家来说，纪念五四，历来都是把双刃剑。从20世纪三四十年代起，我们不断举行此类活动。不同政治立场的人谈五四，都有自己的引申发挥，有时甚至直接转化成政治行动。所有这些真真假假的言说、虚虚实实的纪念，同样值得我们认真辨析。应该认真考量的是，哪些话说对了，哪些路走偏了，哪个地方应该"固守传统"，什么时候不妨"与时俱进"。北大因五四新文化运动而名扬天下，对此更是不容回避。正因此，今年4月下旬，北大中文系主办题为"五四与中国现当代文学"的国际学术研讨会，报名参加的国内外学者有一百多位。平时我们开国际会议，都是三十人左右，那样讨论比较深入；这回破例，开这么大规模的学术会，也是别有幽怀——希望回应学界对于五四的各种质疑与批评。

在一个开放的社会，有多种声音是很正常的。第一，容忍并认真倾听别人的批评；第二，有自己的坚持，不因外界压力而改变。所谓"多元"，不是说没有自己的主张——我是百家中的一家，必须把我的立场、观点明确无误地表达出来。不敢说出自己的真实想法，或者不屑于跟别人讨论，都不对。五四当然不仅仅属于北大，但北大无疑最为"沾光"。作为长期得益于"五四光环"的北大学者，我们必须认真面对五四这个巨大的精神遗产。当它被世人严重误解的时候，你有责任站出来澄清、修正、拓展。当然，这不是什么"坚决捍卫"。要是真的伟大，不必要你来捍卫；如果不伟大，你想捍卫也没用，反而可能帮倒忙。

　　我们的任务是，让五四这一话题浮出水面，引起世人的关注；在这个同样关键的历史时刻，重新审视五四。至于怎么关注，从哪个角度进去，得出什么结论，取决于个人的立场、视野、趣味，强求不得。有些东西，在特定时代会被有意无意遮蔽，你的眼光穿不过去。这一代人力所不及，看不清楚的问题，也许下一代人就能看得很清楚。我希望不仅跟五四先贤对话，也跟同时代学者对话，甚至跟我的学生辈对话。以一种开放的心态，来面对如此复杂的政治／思想／文学运动，在不断的对话中，获得前进的方向感和原动力。

　　每代人都有自己的思想资源。我们这个时代的思想资源，无外乎两大部分：第一，直接从西学引进的，从柏拉图到马克思，到尼采，到哈贝马斯，等等，这是一个很重要的思想资源。第二，那就是本土的思想学说。对所谓的"中国文化"，必须做一个分析。今天一说"传统"，很容易就从孔夫子说起，甚至还有不少人相信"半部《论语》治天下"。对此，我很不以为然。什么叫"传统"，就是那些直接间接地影响我们的日常生活、思维习惯、表达方式、审美趣味的东西。所谓"传统中国"，就是儒释道，就是从孔夫子到孙中山。而且，这东西辛亥革命后就没了，到此为止。想象"国学"跟"西学"截然对立，主张纯粹的"中国性"，我以为都是不可取的。中国文化本来就不纯粹，域外的思想学说，两汉进来，隋唐进来，明清更是进来，早就渗透到我们的血液里。除非你彻底封闭，否则的话，一种文化在发展过程中，不可能保持"纯粹"状态。就像人类的基因不断稀释、变异，那是生存的

23

需要，也是保持新鲜活力的需要。

即使不说这个问题，你也必须理解，晚清以降，我们不断跟西学对话，所创造、所积淀起来的"新传统"，同样值得我们关注。我承认，五四新文化人对于传统中国的批判，有些过于偏激，但我们必须理解五四那代人的基本立场，以及为什么采取这样的论述策略。

假如从第一次鸦片战争算起，一百多年来，我们的政治经济文化等，无论主动还是被迫，都在跟西方接触；而从政治家的毛泽东，到文学家的鲁迅，各种各样的人，也都以自己的方式，跟西学对话。如此激烈的思想碰撞，不是说转就能转，说停就能停的；可以赞赏，也可以批判，但不能背过身去，假装看不见。在我看来，这一中西文化碰撞的精神遗产，相当庞杂，也极为丰富，值得我们认真清理。我们赖以安身立命的，很可能正是这一块。不能想象，我们整天跟两千五百年前的孔子对话，就能解决当下错综复杂的国内国际问题。我并不要求你认同五四新文化人的立场，但你必须面对他们提出的诸多困境与难题。请记住，过去的一百多年，中国人很长时间里处于相当屈辱的境地。刚过上几天比较舒坦的日子，就跷起二郎腿，嘲笑五四新文化人没有风度，不够从容，过于偏激，我以为是不明智的。不必专治近代史，但直面这一百多年的风云激荡，理解历史的沉重与诡异，可以磨砺自己的思想。切断这段跌宕起伏的历史，动辄从先秦讲起，诗云子曰，然后直接跳到当下的"和谐社会"，这样谈论当代中国问题，其实很苍白。

历史久远，很多粗糙乃至让人恶心的东西，很可能早就被过滤掉了。因此，你所看到的"场景"，很优雅，具有合理性。文学也一样，唐诗历经千年淘洗，就剩这么多，当然每首都精彩，值得今人格外珍惜。而新诗就不一样了，每天都在生产，量那么大，鱼龙混杂是很自然的事。我没说哪位新诗人比李白杜甫更伟大，我只是强调时间对于人物、文章、思想、学说的淘洗作用。五四离我们那么近，很多不如意的地方你看得很清楚，包括某些论述的暴力倾向，还有思想的阴暗或偏激等。古典中国的精神遗产，当然值得我们珍惜；但我本人更为迷恋复杂、喧嚣但生气淋漓的"五四新文化"。

你问我怎么看待这场运动对今天中国的影响？对我们来说，五四已经是长期研究的积淀了，不能用三五句话来打发。因为，那样做很暴力，且容易概念化。五四本来就是众声喧哗，很难一言以蔽之。茅盾曾经用"尼罗河的大泛滥"来比喻"五四新文学"，我觉得很有道理。尼罗河泛滥，自然是泥沙俱下，当时很不好看，但给下游送去了广袤的沃土，是日后丰收的根本保证。

经过一系列的对话与竞争，有些东西被淘汰了，有些东西逐渐占据主流地位，成为主导社会前进的力量。承认这一现实，同时理解那个风云变幻的过程，而不要急于撰写"成王败寇"的教科书。

说到底，历史研究有其边界，也有其局限性。我极为心仪五四，但从不指望它解决现实问题。关于五四的谈论，即便十分精彩，对于今人来说，也只是多了一个参照系，帮助我们理解现代中国的丰富与复杂。如此而已，岂有他哉。不经由一系列错综复杂的思想转化与制度创新，想用纪念／阐述某一历史人物／事件来解决现实中国的诸多困境，那都是异想天开。

2009 年 3 月 28 日改定于京西圆明园花园

（初刊 2009 年 4 月 15 日《中华读书报》）

作为一种思想操练的五四

　　十年前，我在《触摸历史与进入五四》的"导言"中说过："人类历史上，有过许多'关键时刻'，其巨大的辐射力量，对后世产生了决定性影响。不管你喜欢不喜欢，你都必须认真面对，这样，才能在沉思与对话中，获得前进的方向感与原动力。……对于 20 世纪中国思想文化进程来说，'五四'便扮演了这样的重要角色。作为后来者，我们必须跟诸如'五四'（包括思想学说、文化潮流、政治运作等）这样的关键时刻、关键人物、关键学说，保持不断的对话关系。这是一种必要的'思维操练'，也是走向'心灵成熟'的必由之路。……在这个意义上，'五四'之于我辈，既是历史，也是现实；既是学术，更是精神。"①十年后重读这段话，我依旧坚持此立场。今天的主题演说，就谈以下四个问题：第一，为什么是五四；第二，风雨兼程说五四；第三，"走出"还是"走不出"；第四，如何激活"传统"。

---

　　① 参见陈平原《触摸历史与进入五四》第 3 页，北京：北京大学出版社，2005 年。

一、为什么是五四

晚清以降，面对"三千年未有之大变局"，一代代中国人奋起搏击，风云激荡中，出现众多波澜壮阔的历史事件。有的如过眼云烟，有的让人欲说还休，有的偶尔露峥嵘，有的则能不断召唤阅读者与对话者——五四无疑属于后者。五四运动的规模并不大，持续时间也不长，为何影响竟如此深远？我用以下三点理由，试图做出解释。

第一，五四运动的当事人，迅速地自我经典化，其正面价值得到后世大部分读者（尤其是青年读者）的认可。有的事件严重影响历史进程，当初也曾被捧到天上，只是经不起后世读者的再三推敲，逐渐显现颓势，甚至成了负面教材。五四运动的幸运在于，刚刚落幕便被正式命名，且从第二年起就有各种各样的纪念活动。可以这么说，五四成了近百年来无数充满激情、关注国家命运、理想主义色彩浓厚的青年学生的"精神烙印"。长辈们（政治家、学者或普通民众）不管是否真心实意，一般不愿意与青年直接对抗，故都会高举或默许五四的旗帜。

第二，五四运动虽也有"起承转合"，但动作幅度及戏剧性明显不如抗战。不过，后者黑白分明，发展线索及精神维度相对单纯，不像前者那样变幻莫测、丰富多彩。如果不涉及具体内容，我曾用三个词来描述五四的风采。第一是"泥沙俱下"，第二是"众声喧哗"，第三是"生气淋漓"。每一种力量都很活跃，都有生存空间，都得到了很好的展现，这样的机遇，真是千载难逢。谈论五四，对我来说，与其说是某种具体的思想学说，还不如说是这种"百家争鸣"的状态让我怦然心动，歆羡不已。①

第三，某种意义上，五四运动的意义是"说出来"的。回过头来看，20世纪中国，就思想文化而言，最值得与其进行持续对话的，还是五四。一代代中国人，从各自的立场出发，不断地与五四对话，赋予它各种"时代意义"，邀请其加入当下的社会变革；正是这一次次的对话、碰撞与融合，逐渐形成了今天中国的思想格局。②有的事件自身潜力有限，即便鼓励你说，也不值得长期与之对话；有的事件很重要，但长期被压抑，缺乏深入且持续不断的对话、质疑与拷问，使得其潜藏的精神力量没有办法释放出来。而五四运动的好处在于，既有巨大潜力，又从未成为"禁忌"。

二、风雨兼程说五四

历史上难得有这样的事件，当事人的自我命名迅速传播开去，且得到当时及后世读者的广泛认可。尘埃尚未落定，1919年5月9日《晨报》上已有北大教授兼教务长顾兆熊(孟余)的《一九一九年五月四日北京学生之示威活动与国民之精神的潮流》，5月26日《每周评论》则刊出学生领袖、北大英文系学生罗家伦的《"五四

① 参见陈平原《走不出的"五四"?》，2009年4月15日《中华读书报》。
② 参见陈平原《〈触摸历史与进入五四〉英译本序》，《触摸历史与进入五四》第366页，北京：北京大学出版社，2010年。

运动"的精神》，5 月 27 日的《时事新报》上，张东荪的《"五四"
精神之纵的持久性与横的扩张性》同样引人注目——"潮流""运
动""精神"，关于五四的命名与定性竟如此及时且准确。此后，
一代代文人、学者、政治家及青年学生，便是在此基础上建构有
关五四的神话。

　　说五四不仅仅是历史事件，更是近百年中国读书人重要的思
想资源和极为活跃的学术话题，甚至可以作为时代思潮变化的试
金石，我相信很多人都能接受。美国学者舒衡哲（Vera Schwarcz，又
译维拉·施瓦支）在《中国的启蒙运动——知识分子与五四遗产》第
六章"五四的启示"中，辨析新中国成立后官方对五四的看法，
以及诸多纪念活动和回忆文章，还有同时期知识分子的抉择与挣
扎。这一章的结语很是悲壮："'五四'不只被看作鼓舞知识分子
勇士的精神食粮，它将成为照亮中国的政治文化生活的一把'火
炬'。"[1] 而我的《波诡云谲的追忆、阐释与重构——解读"五四"
言说史》则选用《人民日报》《光明日报》《中国青年》《文艺报》
等四种报刊，观察其在五四运动三十周年、四十周年、五十周
年、六十周年、七十周年以及八十周年时的社论及纪念文章，并
将其与同时期的政治思潮相对应，看关于五四的言说如何隐含着
巨大的政治风波、思想潜力以及道德陷阱。[2]

　　不说那些意味深长的"故事"，以我有限的阅历，也都深知

---

　　[1]　参见维拉·施瓦支著、李国英等译《中国的启蒙运动——知识分子与五四遗产》第
352 页，太原：山西人民出版社，1989 年。
　　[2]　参见陈平原《波诡云谲的追忆、阐释与重构——解读"五四"言说史》，《读书》
2009 年 9 期。

聚众谈五四，一不小心就会溢出边界，介入现实的政治斗争。谈论李白、杜甫孰高孰低，或者评说《金瓶梅》《红楼梦》的好坏，一般情况下是不会有太多联想的；可说五四就不一样了，因相互误读，随时可能由平和的学术论争一转而成了激烈的对抗。关于1999年纪念五四的书刊及会议，我在若干小文中略有涉及①。2009年4月23—25日我在北大主办"五四与中国现当代文学"国际学术研讨会时，认真吸取十年前的教训，从时间到议题到人员的选择，都仔细斟酌，可还是一波三折。外面的人只晓得北大与五四运动关系密切，有责任扛这个旗子；不知道北大为了这个"责无旁贷"所必须承担的风险。②可仔细想想，没什么好抱怨的，为什么人家选择在谈论五四的会议而不是唐诗研究或金融会议上说大话喊口号呢？可见五四这个话题本身天然具有"政治性"——你想躲都躲不开。

近百年中国的风风雨雨，让我辈读书人明白，谈论五四，不管你是沉湎学问，还是别有幽怀，都很容易自动地与现实政治挂钩，只不过有时顺风顺水，有时则难挽狂澜。去年秋天，我选择在进京读书三十年这个特殊时刻，盘点零篇散简，凑成一册小书，交给北大出版社，约定今年春夏推出，以纪念现代史上最为

---

① 如《〈北大精神及其他〉后记》，《书屋》1999年6期；《在学术与思想之间——王元化先生的"九十年代"》，《书城》2010年12期。

② 参见陈平原《〈五四与中国现当代文学〉序》，见王风等编《重回现场——五四与中国现当代文学》《解读文本——五四与中国现当代文学》《对话历史——五四与中国现当代文学》，北京：北京大学出版社，2014年。

重要的杂志《新青年》(1915—1926 年) 创刊一百周年。[1] 当时绝对想象不到，会撞上如此"新文化研究热"。今年一年，我先后接到十多场纪念五四或新文化运动学术会议的邀请；其中，北京大学最为"立意高远"，准备年年纪念，一直讲到 2021 年中国共产党创建一百周年。

如此大规模纪念五四新文化，背后推动的力量及思路不一样，有的知其然而不知其所以然，有的只是盲目跟风，但我相信其中不少是深思熟虑的。官员我不懂，单就学者而言，之所以积极筹备此类会议，有专业上的考虑，更有不满近二十年中国思想界之日渐平庸，希望借谈论五四搅动一池春水的。

三、"走出"还是"走不出"

如何看待早就沉入历史深处但又不断被唤醒、被提及的五四，取决于当下的政治局势与思想潮流，还有一代人的精神追求。1993 年，我曾撰写题为《走出五四》的短文，感叹"在思想文化领域，我们至今仍生活在'五四'的余荫里"[2]；可十六年后，我又撰写了《走不出的"五四"？》，称不管你持什么立场，是左还是右，是激进还是保守，都必须不断地跟五四对话。[3] 从主张"走出"到认定"走不出"(后者虽然加了个问号，实际上颇有安之若素的意味)，

---

① 参见陈平原《〈"新文化"的崛起与流播〉序》，《"新文化"的崛起与流播》，北京：北京大学出版社，2015 年。

② 参见陈平原《学者的人间情怀》第 69—74 页，珠海：珠海出版社，1995 年。

③ 参见陈平原《走不出的"五四"？》，2009 年 4 月 15 日《中华读书报》。

代表了我对五四理解的深入。

促使我转变思考方向的，除了《中国现代学术之建立》《触摸历史与进入五四》等专业著作，还包括"五四老人"俞平伯的诗文以及我前后两次赴台参加五四学术研讨会的直接感受。

1949年5月4日的《人民日报》第六版，刊登俞平伯、叶圣陶、宋云彬、何家槐、王亚平、臧克家等文化名人纪念五四的文章，此外，还有柏生的《几个"五四"时代的人物访问记》。在采访记中，俞平伯的回答很有趣：五四新文化人气势如虹，想做很多事情，"却一直没有认真干（当然在某一意义上亦已做了一部分），现在被中共同志们艰苦卓绝地给做成了"；因此，这好比是三十年前的支票，如今总算兑现了。① 又过了三十年，也就是1979年，俞平伯撰《"五四"六十周年忆往事》（十首）②，除了怀念"风雨操场昔会逢"以及"赵家楼焰已腾空"，再就是将"四五"比拟"五四"，称"波澜壮阔后居先"。最有意思的是第十章的诗后自注："当时余浮慕新学，向往民主而知解良浅。"比起许多政治人物的宏论，我更认同诗人俞平伯的立场：曾经，我们以为五四的支票已经兑现了；其实，当初的"浮慕新学"与日后的"竹枝渔鼓"，均有很大的局限性。

1999年4月我赴台参加政治大学主办的"五四运动八十周年学术研讨会"，会后接受《"中国时报"》记者采访，谈及台湾地

---

① 参见柏生《几个"五四"时代的人物访问记》，1949年5月4日《人民日报》。

② 此组诗初刊1979年5月4日《文汇报》；又载《战地增刊》第3期（北京：人民日报出版社，1979年5月）时，改题《"五四"六十周年纪念忆往事十章》，文字略有改动。

区民众为何对五四不太感兴趣，对方的解答是："因为我们已经跨过了追求民主科学的阶段。"当时我很怀疑，因为这很像 1949 年俞平伯"支票终于兑现了"的说法。2009 年我赴台参加"五四文学人物影像"开幕式及相关论坛，发现年轻人对五四的兴趣明显提升。之所以会有如此变化，除了各大学"中国现代文学"课程的讲授外，还与普通民众不再盲目乐观有关。我曾对照海峡两岸关于五四的想象与阐释，既看异同，更注重相互影响：

> 最近二十年，海峡两岸在如何看"五四"的问题上互相影响。台湾影响大陆的，是对激进主义思潮的批评，尤其不满"五四"新文化人对传统文化的批判；大陆影响台湾的，是新文学不仅仅属于温柔且文雅的徐志摩，必须直面鲁迅等左翼文人粗粝的呐喊与刻骨铭心的痛苦。[1]

这里说的主要是文学与思想，实际政治比这复杂多了。但不管怎么说，轻易断言我们已经走出五四的"余荫"或"阴影"，似乎都很不明智。

作为历史事件的五四，早就翻过去了；而作为精神气质或思想资源的五四，仍在发挥很大作用。这本是平常事，为何我会纠缠于"走出"与"走不出"呢？那是因为，五四新文化人的丰功伟绩，某种意义上成了后来者巨大的精神压力。比如，北大师

---

[1] 参见陈平原《"少年意气"与"家国情怀"——北大学生的"五四"记忆》，2010年 5 月 4 日《光明日报》。

生最常碰到的责难是：你们为什么不再"铁肩担道义，妙手著文章"！如此"影响的焦虑"，导致我们谈论五四的功过得失时，难得平心静气。其实，换一个角度，那只是一个与你长期结伴而行，随时可以打招呼或坐下来促膝谈心，说不定关键时刻还能帮你出主意的"好朋友"，这么一想，无所谓"走出"，也无所谓"走不出"了。

四、如何激活"传统"

中国人说"传统"，往往指的是遥远的过去，比如辛亥革命以前的中国文化，尤其是孔子为代表的儒家；其实，晚清以降的中国文化、思想、学术，早就构成了一个新的传统。可以这么说，以孔夫子为代表的中国文化，是一个伟大的传统；以蔡元培、陈独秀、李大钊、胡适、鲁迅为代表的五四新文化，也是一个伟大的传统。某种意义上，对于后一个传统的接纳、反思、批评、拓展，更是当务之急，因其更为切近当下中国人的日常生活，与之血肉相连，更有可能影响其安身立命。

人类文明史上，有时星光，有时月亮，有时萤火虫更吸引人。改革开放三十多年来，五四的命运如坐过山车。1980 年代，五四作为学习榜样及精神源泉，深深介入了那时的思想解放运动；1990 年代，五四作为学术课题，在大学及研究所得到深入的探究，但逐渐失去影响社会进程的能力；进入新世纪后，随着"传统""国学""儒家"地位的不断攀升，五四话题变得有些尴尬，在某些学术领域甚至成了主要批判对象。而在日常生活中，你常能听到好像"很有文化"的官员、商人、记者乃至大学校长，将今日中国所有道德困境，一股脑推给五四的"反孔"。言下之意，假如没有五四的捣蛋，中国不仅经济上迅速崛起，道德及文化更是独步天下。此类"宏论"之所以有市场，除了大的政治局势与文化潮流，也与研究现代中国的学者们大都埋头书斋，忙着撰写高头讲章，而不屑于"争论"有关。

我并不否认五四新文化人的偏激、天真乃至浅薄，但那是一批识大体、做大事的人物，比起今天很多在书斋里条分缕析、口沫横飞的批评家，要高明得多。①去年五四，我是这样答澎湃网记者问的：1919 年的中国，各种思潮风起云涌，诸多力量逐鹿中原，热血青年只在救国救民、寻求变革这一点上有共识，至于旗帜、立场、理论、路径等，完全可能南辕北辙。日后有的成功了，有的失败了，有的走向了反面，今人只能感叹唏嘘，不要轻易否定。经由一代代人的钩稽与阐释，那些长期被压抑的声音，正逐渐浮出水面；而那些阳光下的阴影，也日渐为后人所关注。如何看待林纾的捍卫古文、怎么论述《学衡》之对抗《新青年》，以及火烧赵家楼之功过得失、学潮为何成为一种重要的政治力量、五四到底是新文化运动的推进还是挫折等，所有这些，不仅涉及具体人物评价，更牵涉大的历史观。这个时候，既不能抹杀

---

① 在我看来，"大国崛起"的过程中，缺的不是高度自信，而是如何保持清醒的自我认识，以及持续不断的自我反省。在这个意义上，五四新文化人的"严于律己"而"宽于待人"并没有过时——具体论述可以批判，但大方向我认为是正确的。

已获得的新视野与新证据，也不应该轻易否定前人的研究成果。通达的历史学家，会认真倾听并妥善处理"众声喧哗"中不同声部的意义，而不至于像翻烙饼一样，今天翻过来，明天翻过去。在我看来，五四可爱的地方，正在于其不纯粹，五彩斑斓，充满动态感与复杂性。

我的基本立场是：尊重古典中国的精神遗产，但更迷恋复杂、喧嚣却生气淋漓的五四新文化。我曾说过："就像法国人不断跟1789年的法国大革命对话、跟1968年的'五月风暴'对话，中国人也需要不断地跟'五四'等'关键时刻'对话。这个过程，可以训练思想，积聚力量，培养历史感，以更加开阔的视野，来面对日益纷纭复杂的世界。"①在这个意义上，对于今日的中国人来说，五四既非榜样，也非毒药，而更像是用来砥砺思想与学问的"磨刀石"。

今年各地学人几乎不约而同地纪念五四新文化运动，在我看来，这既是大好事，也不无隐忧。因为，任何一个偶然因素，都可能使这"热潮"戛然而止。②能否坚持正常的学术论争，包括与新儒家或国学家之间，改"隔山打牛"为"打开天窗说亮话"，有担当而又不越界，是此次大规模纪念活动能否持续且深入展开的关键。以纪念《新青年》诞辰百年为开端，重新唤起民众对于五四的记忆，接下来的几年，只要不因触碰红线而引起激烈反

---

① 参见陈平原《走不出的"五四"?》，2009年4月15日《中华读书报》。

② 在中国大陆谈五四运动，表面上顺理成章，其实潜藏着一个巨大的陷阱：那就是有心人的借古讽今以及过度联想。

弹，有国内外众多学者的积极参与，不仅可以直接影响大众舆论及某些具体专业（如中国现代文学史、思想史、文化史等）的发展，更可能重塑当代中国的精神氛围及知识版图。基于此判断，如何兼及自信与自省、书斋与社会、思想与学术、批判与建设，将是我们必须直面的难题。

　　这是一个难得的历史机遇，除了坚守自家学术立场，不随风摆动外，还得有进取心，直接回应各种敏感话题（包括狙击打着国学旗号的"沉渣泛起"）。某种意义上，这是对此前三十年"五四话题"升降起伏的一个反省：或许，谈五四本就不该局限于书斋，解时代之惑乃题中应有之义。

　　　　　　　　2015 年 6 月 17 日初稿、7 月 3 日修订于京西圆明园花园

　　　　　　　　　　　　（初刊《探索与争鸣》2015 年第 7 期）

多元并存的五四时代

我喜欢用三个词来描述"五四"的风采。第一是"泥沙俱下",第二是"众声喧哗",第三是"生气淋漓"。每一种力量都很活跃,都有生存空间,都得到了很好的展现,这样的机遇,真是千载难逢。

- 危机时刻的阅读、思考与表述——纪念五四运动一百周年
- 新文化运动中"偏师"的作用及价值——以林琴南、刘师培、张竞生为例
- 直面核心文本——《五四读本》前言

危机时刻的阅读、思考与表述

——纪念五四运动一百周年

国家危难之际，学生们走出平静的书斋，奋起抗争，积极干政，与当局发生激烈碰撞，此所谓"学潮"。学潮古已有之，只是在 20 世纪初的中国发扬光大，成了一种重要的政治力量与风向标志。这里既有"三代遗风"的历史记忆，但更多的是西学东渐之后教育体制、思想潮流以及政党斗争的结果。五四相对来说，整个温顺平和多了——政府逮捕了学生，但很快释放，且出席巴黎和会的中国代表团拒绝签字，学潮于是完满收官。学生呈现了强大的理想与激情，政府也展示了某种诚意，双方妥协的结果，使得五四成为中国历史上牺牲最小、成果最大、影响最为深远的一次学潮。

1919 年 5 月 4 日三千大学生天安门前集会游行，那只是冰山一角。这次学潮最值得注意的，不在其规模或激烈程度，而在于"有备而来"。这里指的不是有纲领、有组织、有领导（恰好相反，此次学潮的参与者有大致相同的精神倾向，但无统一立场与领导），而是制度基础以及精神氛围已经酿成，"万事俱备，只欠东风"。巴黎和会不过是一个触媒，或者说一阵不期而至的"东风"，使得启蒙思潮下逐

41

渐成长起来的大、中学生们的"爱国心"与"新思想"喷薄而出。而由此树立的一种外争主权、内争民主的反叛形象，召唤着此后一代代年轻人。

在这个意义上，就"五四"谈"五四"是不得要领的，必须拉长视线，或往后梳理一百年来五四因不断被纪念与阐释，而成为一种重要的思想资源；或往前追溯晚清以降"新文化"是怎样逐步积聚能量，并最终破茧而出的。

关于五四运动的时间跨度，确实"是一个混乱的问题"[①]。目前的主流意见，或从《新青年》创办的 1915 年，或从《新青年》与北京大学结盟的 1917 年说起；至于终点，或 1922 年，或 1925 年，也都各有说头。本文坚持我的一贯立场，谈五四而从晚清说起，甚至平视晚清与五四，将二者"混为一谈"[②]。

一、危机感的积累与传播

作为一个文化 / 政治符号，五四从一诞生就被强烈关

[①] 参见周策纵著、周子文等译《五四运动——现代中国的思想革命》第 6 页，南京：江苏人民出版社，1996 年。

[②] 采取这一学术立场的，包括美国学者张灏以及始终生活在中国的我。思辨程度与操作方式不太一样，但殊途同归，都主张将 1890 年代至 1920 年代这三十年作为一个整体来把握与阐释。参见陈平原《"新文化"如何"运动"——关于"两代人的合力"》，《中国文化》2015 年秋季号。

注 ①，近百年来更是吸引无数研究者的目光。也正因此，每代学人谈五四，都不是无的放矢，都会有自己的问题意识与感怀。对此，我的解释是："'五四'对我们来说，既是历史，也是现实；既是学术，也是精神。" ②

本以为这是理所当然的，没想到在与年轻一辈接触时，碰了个软钉子：学生们说，那是你们的姿态，很美好，但与我们无关；我们不谈五四，照样活得好好的。凡在大学教书的，大概都会感觉到，今天的大学生乃至研究生，与十年前、二十年前大不一样。或自认已经超越，或坦承无法进入，反正，五四不再是年轻一辈急于体认、沟通或对话的对象。早些年还会嘲笑陈独秀的独断、钱玄同的偏激，或者胡适的"两只蝴蝶"，如今连这个都懒得辩了。似乎，五四这一页已经翻过去了，除非撰写专业论文，否则没必要再纠缠。

二十年前，有感于五四"只剩下口号和旗帜"，我努力钩稽各种细节，以帮助读者"回到现场"；十年前，针对国人对于"连续性"的迷信，我努力分辨"大至人类文明的足迹，小到现代中国的进程，都是在变革与保守、连续与断裂、蜕化与革新的对峙、抗争

---

① 历史上难得有这样的事件，当事人的自我命名迅速传播开去，且得到当时及后世读者的广泛认可。尘埃尚未落定，1919 年 5 月 9 日《晨报》上已有北大教授兼教务长顾兆熊（孟余）的《一九一九年五月四日北京学生之示威活动与国民之精神的潮流》，5 月 26 日《每周评论》则刊出学生领袖、北大英文系学生罗家伦的《"五四运动"的精神》，5 月 27 日的《时事新报》上，张东荪的《"五四"精神之纵的持久性与横的扩张性》同样引人注目——"潮流""运动""精神"，关于五四的命名与定性竟如此及时且准确。此后，一代代文人、学者、政治家及青年学生，便是在此基础上建构有关五四的神话。

② 陈平原：《走不出的"五四"？》，2009 年 4 月 15 日《中华读书报》。

与挣扎中，艰难前行"①。今天谈论五四的最大障碍，则在于年轻一辈的"无感"。虽然也常起立唱国歌，但所谓"中华民族到了最危险的时候"，早就被抛到了九霄云外。相信"伟大复兴"就在眼前的年轻一辈，很难体会百年前读书人的心境与情怀。

讲文学史时提及 57 则《吴趼人哭》，以及刘鹗《老残游记》开篇的危船，或众多文人学者认真谈论"亡国灭种"的可能性，学生们会觉得很可笑，怎么会如此杞人忧天呢？殊不知，那是晚清及五四两代人真实的感受。讲授此类课程，第一步是借助档案、诗文及图像，把学生们从太平盛世中警醒，拉回到那风雨如晦的年代，这才可能有设身处地的阅读与感受。就好像从来丰衣足食的人，你要他／她深刻体会"饥饿"的感觉，不是一件容易的事。可这一步必须跨过去，否则很难让年轻一辈真正理解晚清以降无数爱国志士的思考与表达。

那可不是平静书斋里的玄思，而是危机时刻的文化及政治选择。首先是一代人不可抑制的危机感的萌现。"这种自我怀疑从传统政治秩序的外表向内核的深入，可从 19 世纪后半期改良主义思想的逐步展开中清楚地得到证明。"②任何时代都有阳光照不到的角落，也都有不讨人喜欢的枭声。问题在于，甲午战败以后的

---

① 参见陈平原《触摸历史与进入五四》，《五四运动八十周年学术研讨会论文集》，（台北）政治大学文学院，1999 年 6 月；陈平原《何为／何谓"成功"的文化断裂——重新审读五四新文化运动》，2008 年 11 月 14 日《南方都市报》。

② 张灏著、高力克等译：《危机中的中国知识分子——寻求秩序与意义》第 7 页，太原：山西人民出版社，1988 年。

中国，其危若累卵的局面被逐渐揭示。经历戊戌变法失败、庚子事变爆发、辛亥革命落空、袁世凯称帝等众多生死攸关的关卡，平心而论，巴黎和会与山东问题，不算是近代中国最为严重的危机。

这就说到危机感的累积与传播。一次次国家危机，累积而成迫在眉睫的亡国之忧；而个别先觉者的心理感受，只有传染开去，才会成为真正的社会危机。从晚清到五四，这种对国家失败的不满与怨恨，透过各种大众传媒与文学作品，得到广泛的传播。所以，与其说巴黎和会是中华民族最危险、最屈辱的时刻，不如说因新媒体的产生，危机意识得以迅速蔓延；因新思潮的荡漾，年轻一辈的爱国心被唤醒；因新教育的壮大，大、中学生作为一种新生力量正在崛起。

单纯的危机感并不构成政治变革的强大动力，必须是新的力量及可能性出现，方才可能让个体的精神苦闷转为群体的积极行动。戊戌变法失败后，众多新政被取消，唯独京师大学堂照样开办。虽然一路走来磕磕碰碰，但晚清开启的废科举开学堂，不仅在教育史，而且在政治史上，都是重大的突破。三十年后，走上街头表达政治愿望，推进五四运动的，不仅是北大学生，还有众多师范、女学以及受过教育的外省青年。梁启超的《少年中国说》、陈独秀的《敬告青年》以及李大钊的《青春》，并非泛泛而论，而是特别指向受过教育的、有可能被唤醒的、充满理想与激情的青少年。

胡适晚年多次将五四运动称为"一场不幸的政治干扰"，因为

"它把一个文化运动转变成一个政治运动"。[①]但在我看来，文化与政治之间，本就剪不断、理还乱，以为靠当事人的主观意图就能保证文化运动不与现实政治发生关系，那实在过于天真[②]。所有文化及政治运动——尤其是两者兼而有之的学潮，一旦启动，受各种力量的牵制而变幻，最终往哪个方向发展、在什么地方止步，非发动者所能预测与控制。

所有的文化／政治运动，都不是无菌的实验室，绝难精密规划。某种意义上，"摸着石头过河"是常态，设计完美的社会改革，往往事与愿违。晚清起步的新文化，一脚深一脚浅，走到了五四这个关口，拐一个弯，借助"爱国""民主"与"科学"的口号，迅速获得了社会认可。这确实不是梁启超或陈独秀、胡适等人事先设计好的，而是因缘际会，师生携手，竟然打出一个新天地。不过，若将五四运动讲成了一个环环相扣、井井有条的故事，反而显得不太真实，也不可爱。在我看来，这属于"危机时刻"的当机立断，所有决策未经认真细致的路径推演，并非当事人预先设计好的。情急之下，有什么武器操什么武器，哪个理论顺手用哪个，正是这种"慌不择路"，决定了晚清及五四那两代人的阅读、思考与表达。

---

① 参见唐德刚译《胡适口述自传》第206页，北京：华文出版社，1992年。

② 参见陈平原《中国现代学术之建立——以章太炎、胡适之为中心》第130—131页，北京：北京大学出版社，1998年。

二、杂览与杂学的时代

作为"过渡时代",晚清及五四的最大特征是中西混合、新旧杂糅。就像李伯元《文明小史》描写的,活跃在上海滩上的贾子猷(假自由)、贾平泉(假平权)、贾葛民(假革命)们,因私欲及眼界所限,往往将真经念歪了。比如,以西餐标榜新潮,以为这就是文明时代的标配。晚清小说及画报中,因而常常出现番菜馆的招牌以及吃西餐的场景。《文明小史》第十八回(上)的插图很有

戏剧性:前景吃西餐,后景抽鸦片,二者同台竞技,且有很好的经验交流。小说描写此"奇观",插图将其直观呈现,再加上自在山民的评语:"以吃鸦片为自由,以吃牛肉为维新,所谓自由维新者,不过如此,大是奇谈。"①这当然是恶谑。不过,在时人眼中,西方文明的传入,确实伴随着饮食

《文明小史》第十八回(上)插图

----

① 参见《李伯元全集》第 1 卷第 130 页,南京:江苏古籍出版社,1997 年。

方式的杂交与变异。因此，说"西餐"是一种显而易见、触手可及、好吃好玩的"西学"，也未尝不可。

随着人员、物资以及文化交流的日渐频繁，饮食的多样化是必然趋势。若将这种趋势称之为"杂食"，则应包括原料、制作、品味乃至就餐方式等。与之相对应的，是学习方式的变化，即"杂览"逐渐成为主流。从杂食到杂览，再到杂学、杂家，可以看出整个时代的生活及阅读风向。

先有考试方式的变化，后是科举制度的废除，传统中国读书人的"皓首穷经"，失去了制度保证，自然迅速衰落。随之而来的，是努力适应瞬息万变的新时代，阅读因而变得急切、随意、零碎与偶然。其中一个重要原因是，新式学堂刚刚起步，到底该如何教、怎么学，大家都没有经验。单看章程，如《钦定高等学堂章程》（1902）、《钦定京师大学堂章程》（1902）、《奏定高等学堂章程》（1903）、《奏定大学堂章程》（1903）等，规划严整，像模像样，可那都是抄来的。若大学堂里的"文学科大学分九门"，含中国史、万国史、中外地理、中国文学、英国文学、法国文学、俄国文学、德国文学、日本文学等学门[①]，完全是纸上谈兵。因为"京师大学堂的各分科大学，正式成立的时间迟至 1910 年；文科大学中真正开设的，也只有中国文学和中国史学两门"[②]。而且，接下来好几年，因战乱及经费短缺，无论北京大学还是其中国文学门，都在

---

① 参见舒新城《中国近代教育史资料》中册第 588 页，北京：人民教育出版社，1961 年。

② 参见陈平原《新教育与新文学——从京师大学堂到北京大学》，《学人》第 14 辑，南京：江苏文艺出版社，1998 年 12 月。

生死线上苦苦挣扎①。最高学府尚且如此，其他学校可想而知。专上学校的学生本就不多②，看当年的教材及课程设计，学校实在没能提供系统且良好的教育③。

旧的教育体制已被打破，新体制及师资建设仍在路上，晚清至五四时代的青年学生，更多地得益于自由阅读，而不是学校的系统训练。那个时代的读书人，大都不为学堂章程所局限，阅读时兼及中西、新旧、雅俗，故呈现博而杂的知识结构。即便有机会出国留学的，真拿到专业学位且没有转行的，实在少得可怜。那是一个不怎么"讲专业"的时代，大家都渴望获得新知，"杂览群书/报"成为常态。这既是他们的长处，也是其短处。

与此前根柢六经的儒生不同，也与此后术业专精的学者迥异，这是杂食/杂览/杂学的一代，教育体制及新式学堂的稚嫩，

---

① 1912 年 5 月 3 日京师大学堂改为北京大学校，严复于是成了北大首任校长。因争取办学经费没有着落，加上教育部义正词严的训令，不擅政务的严复，留下一封《论北京大学不可停办说帖》，挂冠而去。接下来，走马灯似的，从 10 月至 12 月，临时大总统先后任命章士钊、马良、何燏时为北大校长。原京师大学堂工科监督何燏时，接任北大校长后碰到一系列难题，先是学潮不断，后又经费无着，再加上教育部规划将北京大学与北洋大学合并，何校长于 1913 年 6 月申请辞职，终于在 11 月获批。任期不到一年的何校长，同样留下了一则反对停办北京大学的呈文。至于 1913 年北大中国文学门的困境，参见陈平原《作为学科的文学史——文学教育的方法、途径及境界》第 290—291 页，北京：北京大学出版社，2016 年。

② 1919 年 5 月 4 日那天参加游行的，有来自北京 13 所专门以上学校的学生 3000 名左右。根据 5 月 5 日学生《上大总统书》的自述，以及约略与此同时的静观所撰《北京专门以上学校新调查》（1919 年 7 月 12 日《申报》），这 13 所学校共有学生 7430 人。而当时北京有专上学校 25 所，按现有数字统计，学生约 11000 人。这个数字，与 5 月 4 日那天学生递交给美国公使的英文说帖的落款"北京高等以上学校学生一万一千五百人谨具"大致相符。

③ 以北京大学中国文学门（系）为例，新文化运动兴起是个分水岭，此前开设的课程很少，教材也都乏善可陈，参见陈平原《新教育与新文学——从京师大学堂到北京大学》。

决定了那代人的知识结构——视野开阔，博采旁收，思维活跃，浅尝辄止。这很容易让人联想起传统中国"于百家之道无不贯通"的"杂家"。作为一个哲学流派，春秋战国时代的杂家，名声并不显赫。而后世文人学者谈"杂家"，更是将其与"显学""大道""通才""纯儒"相对立，带有明显的贬抑意味。单就不拘门户拥抱新知这一点而言，晚清及五四那两代读书人，颇有杂家之风。读书以广博而非深邃见长，学问切己而不是精细，立说不求圆融，多有感而发，故棱角分明、生气淋漓。至于说独创性或体系严密，则又未必。

晚清的梁启超以及五四的周氏兄弟，应该说是那个时代读书最认真，视野最广博，著述也最为勤奋的了。关于梁启超某文某书是否抄袭的争议由来已久，但学界一般认为此乃过渡时代的必然产物，作者以"觉世"而非"传世"为主要标的，对于外国的思想、学说、文风多有借鉴，不能以今天谨守知识产权的标准来衡量[①]。至于鲁迅 1907 年撰写并刊登在第二年第 2、3 期《河南》上的《摩罗诗力说》，学界普遍给予高度评价，不说文字古雅或立场激进，单是其视野之开阔，也都令人震撼。表彰 19 世纪欧洲众多"无不刚健不挠，抱诚守真，不取媚于群，以随顺旧俗；发为雄声，以起其国人之新生，而大其国于天下"的杰出诗人[②]，评价

[①] 参见夏晓虹《晚清的魅力》第 66—70 页，天津：百花文艺出版社，2001 年；《觉世与传世——梁启超的文学道路》第 247—259 页，北京：中华书局，2006 年。

[②] 参见鲁迅《坟·摩罗诗力说》，《鲁迅全集》第 1 卷第 99 页，北京：人民文学出版社，1981 年。

大致准确，若无广泛的阅读与借鉴，那是不可想象的[①]。周作人在北大讲授"欧洲文学史"，从 1917 年 9 月 22 日上午开始起草讲义，到 1918 年 6 月 7 日晚上完稿，再到同年 10 月被列为"北京大学丛书之三"由商务印书馆刊行，实在可用"神速"二字来形容。多年后，作者谦称："这是一种杂凑而成的书，材料全由英文本各国文学史，文人传记，作品批评，杂和做成，完全不成东西，不过在那时候也凑合着用了。"[②] 该书论述确实不够深入，颇有将前人成果"拿来作底子"的，但这毕竟是中国人编写的第一部欧洲文学史，代表着当时学术研究的最高水平，因而依旧值得表彰[③]。

经学时代已经过去了，新时代的读书人，即便有教材或辞典的引导，也都得靠自己摸索，读书驳杂于是成了那代人的共同特点。在这个意义上，杂览、杂学或杂家，不再是贬义词。1944 年周作人撰《我的杂学》，开篇引《儒林外史》第十八回关于"杂学""杂览"的议论，接下来是先抑后扬的引申发挥：

> 我平常没有一种专门的职业，就只喜欢涉猎闲书，这岂不便是道地的杂学，而且又是不中的举业，大概这一点是无可疑的。……至于说好的，自然要感谢，其实也何尝真有什

---

① 参见北冈正子著、何乃英译《摩罗诗力说材源考》，北京：北京师范大学出版社，1983 年。与此类似的有《人之历史》《科学史教篇》，参见中岛长文《藍本〈人間の歴史〉》，《滋賀大國文》第 16、17 卷，1978、1979 年；宋声泉《〈科学史教篇〉蓝本考略》，《中国现代文学研究丛刊》2019 年 1 期。

② 周作人：《知堂回想录》第 426—427 页，石家庄：河北教育出版社，2002 年。

③ 参见陈平原《作为学科的文学史——文学教育的方法、途径及境界》第 60、109 页。

么长处，至多是不大说谎，以及所说多本于常识而已。假如
这常识可以算是长处，那么这正是杂览应有的结果，也是当
然的事，我们断章取义的借用卫先生的话来说，所谓杂学到
是好的也。[①]

听周作人细说自家阅读古文、小说、古典文学、外国小说、希腊
神话、神话学、文化人类学、生物学、儿童文学、性心理学、医
学史、妖术史、乡土研究、江户文物、浮世绘、俗曲、玩具、外
国语、佛经等方面的著作，实在惊叹其涉猎之广与体会之深。这
当然只是特异之才的知识地图，但也不妨将其作为一个时代阅读
风气的象征。如此鄙视世人视为正途的"举业"，而刻意强调"凡
人"与"常识"，且理直气壮地为"闲书"与"杂览"正名，可见
新时代的阅读趣味。缘于知识饥渴与选择自由，不受新旧教条束
缚，任意跨越学科边界，以思想通达见长，这便是杂学的精髓，
也是晚清及五四那两代人最值得珍惜的阅读经验。

　　面对"三千年未有之大变局"，没有完美的治国良方，也没有
现成的阅读指南，只能自己摸索着前进。考虑到教育环境、书籍
流通、外语水平以及翻译出版等限制，晚清及五四那两代人接受
新知时容易望文生义，且多穿凿附会，这都可以谅解。危机时刻
的阅读与思考，不同于纯粹的书斋学问，但求有用，不求系统全
面；既然是饥不择食，那就古今中外、天上地下、左右黑白，哪

---

　　① 周作人《我的杂学》1944 年 4 月至 7 月连载于上海《古今》半月刊，后全文收入《知
堂回想录》，作为第 197—207 节。此处引文见周作人《知堂回想录》第 747 页。

个适应用哪个。后人读其著述，会发现很多熟悉的词汇、思路与学说，你可以追根溯源，但不宜过分坐实。随着学术的专业化以及数据库的广泛应用，理解晚清及五四新文化人的阅读视野，将变得越来越容易。随之而来的，就是警惕用力过度，将先贤兴之所至的"杂览"，说成了旗帜鲜明的"专攻"。在我看来，今人谈论晚清及五四新文化人，既不要夸大他们的学问与智慧，也别低估他们求知的愿望与热情——那种上下求索的勇猛与果敢，此前没有，此后也难以为继。

三、纲常松弛的得失

1920年，周作人谈及为何引进希伯来思想与文艺，特别强调杂览对于破除中国人固定思维的好处："中国旧思想的弊病，在于有一个固定的中心，所以文化不能自由的发展；现在我们用了多种表面不同而于人生都是必要的思想，调剂下去，或可以得到一个中和的结果。"①此前一年，蔡元培则感叹"吾国承数千年学术专制之积习，常好以见闻所及，持一孔之论"②，对于持异议者，轻者逐出教席，重者消灭肉体。如今，借助于引进西方的大学体制，蔡先生希望建立自由思想的"安全岛"。一说思想的定于一尊，一谈学术之专制积习，虽没点破，实际上都指向学术及思想

---

① 周作人：《圣书与中国文学》，《艺术与生活》第45页，长沙：岳麓书社，1989年。

② 蔡元培：《〈北京大学月刊〉发刊词》，《蔡元培全集》第3卷第211页，北京：中华书局，1984年。

背后的政治体制。

对于"素无思想自由之习惯，每好以己派压制他派"^①的中国人，蔡元培力主兼容并包。《〈北京大学月刊〉发刊词》强调"兼容"不同学术流派，如哲学之唯心论与唯物论、文学之写实派与理想派、伦理学之动机论与功利论、宇宙论之乐天观与厌世观；《致〈公言报〉函并答林琴南函》则突出"兼容"不同政治主张，即大学教员以学术造诣为主，并不限制其校外活动。^②这里有蔡元培的大学理念与个人修养，更与那是一个纲常松弛的时代有关。

为了保持大学独立，北大校长蔡元培八次辞职两次欧游，以此抗拒政府指令，追讨办学费用。此等举措，给北洋政府很大压力，让其内火中烧而又有苦难言，还不得不再三表示挽留。那是因为，蔡元培长校的十年，清廷已被推翻，民国根基未稳，乱哄哄你方唱罢我登场。军阀混战，教育经费无着，令大学校长极为头痛。但事情也有另一面，那便是处此新旧转化之际，没有不可逾越的边界，也没有不可挑战的权威，乃"尝试"各种新制度的最佳时刻。等到北伐成功，国民党统一中国，开始推行"党化教育"，教育界的情况发生了根本性的变化。不只是"教育独立"的口号被禁止，连大学课程的设置也都必须接受审查，教授治校的有效性受到了严峻的挑战，自由表达政见的文化空间更是岌岌可危^③。

以辛亥革命为界，此前十五年与此后十五年，都属于社会动

---

① 参见蔡元培《传略（上）》，《蔡元培全集》第 3 卷第 332 页。

② 参见《蔡元培全集》第 3 卷第 210—212 页、267—272 页。

③ 参见陈平原《"兼容并包"的大学理念》，1998 年 6 月 6 日《文汇读书周报》；《大学校长的理想与现实——蔡元培以退为进的抗争策略》，2018 年 1 月 20 日《新京报》。

荡、民不聊生的时期。可正是这三十年，思想比较宽松，言论相对自由。若以学术思想为例，此前的"经学时代"与此后的"主义时代"，都力主舆论一律，能不能做到是另一回事。某种意义上，晚清及五四的众声喧哗、百家争鸣，如此中国历史上难得一见的盛况，不是拜皇帝或总统所赐，也不是制度设计使然，而是因中央集权无法落实，各种力量互相掣肘，控制乏力，缝隙多多，于是各种思想学说自由竞争，尚未出现占绝对主导地位的，没有谁能一手遮天，"数千年学术专制之积习"于是暂时无法发挥作用。

回看历史，晚清报人的理想性与独立性，超乎你我的想象。秋瑾因谋反而被朝廷处死，不仅上海报纸，几乎所有重要媒体，都对朝廷此举持批评态度。接下来几年，媒体上不断出现谈论、表彰乃至纪念秋瑾的图与文，这在以后是不可想象的[①]。晚清舆论的相对自由，放在过去一百多年的中国史看，是个奇迹。但必须说明，不是朝廷主动开放报禁，而是他们没有能力控制[②]。应该这么说，晚清及五四思想文化潮流的活跃，和出版及新闻的相对宽松有直接关系。

不管"高调"还是"低调"，清末民初从事报业及出版的启蒙者，都值得充分尊重。历史上，中国人对异端的容忍度极低，统治者对舆论的控制极严。有了《大清报律》(1908)、北洋政府《报

[①] 参见夏晓虹《纷纭身后事——晚清人眼中的秋瑾之死》，《晚清女性与近代中国》第286—325页，北京：北京大学出版社，2004年。

[②] 关于《大清报律》的制订、清政府摧残报业的手段以及新闻界如何抗争，参见方汉奇主编《中国新闻事业通史》第1卷第947—961页，北京：中国人民大学出版社，1996年。

纸条例》(1914)、南京国民党政府《出版法》(1930)等，虽限制多多，但有法总比无法好，起码让你知道如何规避。那时代，确实有不少报人为言论自由付出血的代价，比如创办《启蒙画报》《京话日报》及《中华报》的彭翼仲(1864—1921)，1906年被清廷以"妄议朝政"的罪名流放新疆十年；而黄远生(1885—1915)、邵飘萍(1886—1926)、林白水(1874—1926)更是因实践自家的新闻理想而死于非命。即便如此，比起此前此后的舆论环境，晚清及五四时期还是最为宽松的。

1935年底，鲁迅撰《花边文学·序言》，提及那时候写作者的困境：

> 我曾经和几个朋友闲谈。一个朋友说：现在的文章，是不会有骨气的了，譬如向一种日报上的副刊去投稿罢，副刊编辑先抽去几根骨头，总编辑又抽去几根骨头，检查官又抽去几根骨头，剩下来还有什么呢？我说：我是自己先抽去了几根骨头的，否则，连"剩下来"的也不剩。①

凡写作者，重读鲁迅此文，罕有不出一身冷汗的。可读晚清及五四时期报章，最大的感受是，作者的见解不一定高明，但大都直抒胸臆，落笔时很少禁忌。

此前帝制风光，此后主义流行，只有中间这三十年没有"大

---

① 鲁迅：《花边文学·序言》，《鲁迅全集》第5卷第418页。

一统"的可能性——不是统治者不想，而是做不到。"城头变幻大王旗"，对于因战争而引起的"思想混乱"，周氏兄弟并不特别反感。鲁迅曾将魏晋文章概括为清峻、通脱、华丽、壮大，后两者得益于"文学的自觉时代"，前两者则是乱世中纲常松弛，"更因思想通脱之后，废除固执，遂能充分容纳异端和外来的思想，故孔教以外的思想源源引入"[①]。周作人更直截了当地指出："小品文是文学发达的极致，它的兴盛必须在于王纲解纽的时代。"只有在乱世，才可能处士横议，百家争鸣，那"集合叙事说理抒情的分子，都浸在自己的性情里，用了适宜的手法调理起来"的"言志的散文"，才得到真正发达[②]。这也是周氏兄弟不太谈论"盛唐气象"，而对王纲解纽故人格独立、思想自由故文章潇洒的魏晋六朝特感兴趣的原因[③]。

缺乏强大的中央集权，地方自治又没有真正发育，晚清及五四前后的中国，社会激烈动荡，经济发展乏力，读书人生活窘迫，做学问也不够从容。只是因文网松动，思想格外活跃，尤其是其特立独行、勇于抗争，值得后人歆羡。

比起阅读上的杂览、政治上的抗争来，晚清及五四的怀疑精神更有普遍意义。借用鲁迅笔下狂人的追问："从来如此，便对

---

① 参见鲁迅《而已集·魏晋风度及文章与药及酒之关系》，《鲁迅全集》第 3 卷第 503—504 页。

② 参见周作人《〈冰雪小品选〉序》，《看云集》第 109—110 页，长沙：岳麓书社，1988 年。

③ 参见陈平原《现代中国的"魏晋风度"与"六朝散文"》，《中国文化》1997 年第 15、16 期。

么?"^①晚清及五四的"疑今"与"疑古",兼及文化、政治与学术,是这个时代的最强音。基于对当下中国的强烈不满,用批判的眼光来审视历史与现状。敢于并善于怀疑,"重新估定一切价值",持强烈的自我批判立场,此乃晚清及五四的时代特征,也是其最大的精神遗产。

中国历史上不乏异端人士,但他们之挑战主流意识形态,其思想的参照系仍是在中国传统文化内部。晚清和五四那两代人不一样,他们厕身古今中外的夹缝中,其选择不一定正确,但挣扎的痛苦、体会的真切、思考的深刻,前人后人都难企及。我们今天的好处是,曾经的偶像(西方或西学)出现明显的裂痕,可以有较大的审视距离与选择余地。既不要像五四那样,拿中国最差的东西和欧美最好的东西比较,也不要反过来,拿中国最好的东西与西方最不值得称道的东西对话。明白西方(或西学)不是铁板一块,科学技术、政治制度、思想学说,哪些是好东西,值得我们学习借鉴,哪些则必须拒斥乃至斗争,这种能力,今天比任何时候都迫切需要。我之所以再三强调和五四保持对话,不是说那里有理想的答案,而是将其作为磨刀石,砥砺思想,艰难前行^②。

危急时刻的阅读与思考,会因心情峻急而有所扭曲与变型,但那种壁立千仞的姿态以及自我批判的立场,值得后人认真体味与尊重。晚清及五四那两代人思想的丰富与复杂,背后是选择的多样性。北伐完成,国民政府定都南京,这种混沌初开、思想多

---

① 鲁迅:《呐喊·狂人日记》,《鲁迅全集》第 1 卷第 428 页。

② 参见陈平原《作为一种思想操练的五四》第 14 页,北京:北京大学出版社,2018 年。

元的局面一去不复返。国共两党的政治立场天差地别，但思维方式很接近，都主张两极对立，黑白分明，不喜欢多元化的论述，讨厌第三条道路，于是，众声喧哗的局面结束，"取而代之的是立场坚定、旗帜鲜明的党派与主义之争，20世纪中国学术从此进入了一个新的时代"①。

四、报章为中心的思考与表述

既然无路可退，那就摸索前进，允许试错——晚清的宪政改革、民初的帝制复辟、五四的批儒反孔，还有联省自治的提倡、无政府主义的宣传、共产学说的输入等，无数奇思妙想都能顺利出炉，且吸引公众目光，甚至成为时尚话题。我称之为"慌不择路"，其实并非贬义。比起此前此后若干看起来很美实则很糟的社会设计，晚清及五四的四处出击、徘徊无地，乃民间觉醒及自我拯救的努力。也就是说，改革动力主要来自民间，不是朝廷或中央政府主动出击，自上而下地发布政令，而是众多先知先觉者借助大众传媒摇旗呐喊。

1922年，新文化主将胡适撰写《我的歧路》，其中涉及政治、媒体与教育之关系：

一九一七年七月我回国时，船到横滨，便听见张勋复辟

---

① 参见陈平原《中国现代学术之建立——以章太炎、胡适之为中心》第8页。

> 的消息；到了上海，看了出版界的孤陋，教育界的沉寂，我方才知道张勋的复辟乃是极自然的现象，我方才打定二十年不谈政治的决心，要想在思想文艺上替中国政治建筑一个革新的基础。①

在反省戊戌变法、庚子事变以及辛亥革命的惨痛教训时，时人多意识到文化教育及思想启蒙的重要性。这也是《新青年》横空出世且能得到广泛支持的原因。可所谓"出版界的孤陋"与"教育界的沉寂"，那只是相对而言。晚清报业的发展以及传媒对于社会思潮的引领，学界其实多有论述。这里想强调的是，这是一个以报章为主要思考及表达方式的时代。

不管你从哪个角度编"五四文选"或"新文化读本"，主要文本均来自报章，像梁漱溟《东西文化及其哲学》那样成体系的著述，是个特例。相对于书籍、辞典或教科书，那个时代的报章更多地承担了传播新知、启发民众、介入现实的重任。众多活跃的新文化人，政治立场不尽相同，但都喜欢在报纸杂志上发文章，甚至直接参与报章的编辑制作。以一代名刊《新青年》为例，几乎所有主要作者，在介入《新青年》事业之前，都曾参与报刊这一新生的文化事业，并多有历练。广为人知的，如陈独秀办《安徽俗话报》、蔡元培办《警钟日报》、吴稚晖办《新世界》、章士钊办《甲寅》、钱玄同办《教育今语杂志》、马君武协办《新民丛报》，

---

① 胡适：《我的歧路》，《胡适全集》第 2 卷第 467 页，合肥：安徽教育出版社，2003 年。

高一涵编《民彝》、李大钊编《言治》、胡适编《竞业旬报》、刘叔雅编《民立报》、吴虞编《蜀报》，以及谢无量任《京报》主笔、苏曼殊兼《太平洋报》笔政、刘半农为《小说界》撰稿、周氏兄弟为《河南》《浙江潮》《女子世界》等刊作者并积极筹备《新生》杂志[①]。对于新文化的提倡、创作与传播，报章及出版明显比大学或中学的课堂更直接，也更有效。北京大学之所以成为新文化的重要阵地，主要不是因为教授们的课堂讲义或专门著述，而是《新青年》《每周评论》《新潮》《国民》等的声名远扬。

某种意义上，正是这种传播媒介的转变，决定了一代人的思考及表达方式。相对于此前以书籍为中心的时代，晚清及五四以报章为中心的思考与表述，呈现了瞬间反应、激烈表态、策略思维、思想草稿等特征。以下略为申说。

以前意识形态稳固，经书可长读不衰；如今社会动荡，世人求新求变，报章更能适应这一时代要求。报章的好处是迅速及时，努力解决迫在眉睫的难题，成功影响时代风气，缺点则是头痛医头、脚痛医脚，难以形成完整的思想体系。一切都在流转中，发言时不能墨守成规。不同于运筹帷幄的密室交谈，也不同于居高临下的广场演说，报刊文章更多处于对话状态——与时代对话、与读者对话、也与论敌对话。必须看清上下文，了解各自论述的来龙去脉，方才能准确判断其得失成败。比如《新青年》为何1916年2月起开始激烈批判孔教，很大原因是此前一个月，

---

① 参见陈平原《触摸历史与进入五四》第52—53页，北京：北京大学出版社，2005年。

袁世凯令孔令贻继承原衍圣公爵位外加郡王衔，此前两个月，袁世凯废除共和悍然称帝，再往上追，则是此前两年，袁世凯下令官僚百姓祭孔拜天。晚清章太炎"深恶长素孔教之说，遂至激而诋孔"①，五四诸君则因袁氏称帝而激烈反孔，二者异曲同工。晚清志士及五四新文化人对于作为帝国精神支柱的儒学传统之质疑与批判，有诸子学兴起、大乘佛学复苏、儒家致用思想复兴，以及六经历史文献化等思潮的影响②，但激于时变，无疑是最为重要的因素。

报章兼及思想探索、知识传递与文化启蒙，文字浅俗是一回事，更重要的是立场鲜明，以及表达的情绪化。1904年刘师培在《中国白话报》第6期上发表《论激烈的好处》，署名"激烈派第一人"。这里的激烈，不仅是政治立场，更指向表达方式："这一种著书、出版、演说的人，宗旨也要激烈。"为什么？因为"激烈方能使人感动，并发生影响"③。某种意义上，这是报章不同于著作的特点，无暇精雕细刻，也不追求藏之名山传之后世，注重的是现场效应，且寄希望于互相纠偏。此前两年，梁启超撰《敬告我同业诸君》，专门讨论报章为何"与学校异，与著书亦异"，关键就在于立论必须偏激：

---

① 参见章太炎《致柳翼谋书》，《章太炎政论选集》第764页，北京：中华书局，1977年。

② 参见张灏著、高力克等译《危机中的中国知识分子——寻求秩序与意义》第14—28页；王汎森《章太炎的思想》第185—197页，上海：上海人民出版社，2012年。

③ 参见陈平原《激烈的好处与坏处——也谈刘师培的失节》，《当年游侠人——现代中国的人文与学者》第66—89页，北京：生活·读书·新知三联书店，2006年。

> 报馆者救一时明一义者也。故某以为业报馆者既认定一
> 目的，则宜以极端之议论出之，虽稍偏稍激焉而不为病。何
> 也？吾偏激于此端，则同时必有人焉偏激于彼端以矫我者。
> 又必有人焉执两端之中以折衷我者。互相倚，互相纠，互相
> 折衷，而真理必出焉。①

在梁启超看来，与其大家都求稳妥、周全，"相率为从容模棱之
言"，不如各走极端，以挑动国人之脑筋。读晚清及五四时期的论
战文章，凡平正通达的（比如杜亚泉），都不如慷慨决绝的（比如陈独秀）
受欢迎。胡适虽不认同陈独秀的武断、喜欢骂人、"必不容反对者
有讨论之余地"②、立说以"气势"而非"论理"取胜，但承认
正是这种"老革命党"的决绝姿态，使新文学事业得以摧枯拉朽
般迅速推进③。

既然追求社会影响而不是文章自身的逻辑严密，那么，论述
时就不能四平八稳，最好能出奇制胜。因此，写作时更多考虑"策
略性"，而不是"分寸感"。1927 年 2 月，鲁迅在香港发表《无声
的中国》专题演讲，提及：

> 中国人的性情是总喜欢调和，折中的。譬如你说，这屋
> 子太暗，须在这里开一个窗，大家一定不允许的。但如果你

---

① 梁启超：《敬告我同业诸君》，《新民丛报》第 17 号，1902 年 10 月 2 日。

② 参见胡适、独秀《通信》，《新青年》第 3 卷第 3 号，1917 年 5 月 1 日。

③ 参见胡适《逼上梁山》，《中国新文学大系·建设理论集》第 27 页，上海：良友图书
印刷公司，1935 年。

主张拆掉屋顶，他们就会来调和，愿意开窗了。没有更激烈
的主张，他们总连平和的改革也不肯行。[①]

这段妙语广为人知。不谈具体问题（如白话文之通行是否得益于钱玄同废
掉汉字的极端言论），就思想方法而言，鲁迅的解释确实透出了新文
化人写作的某些底牌，对于我们理解那代人的立论方式及文章风
格，很有启发性。其实，类似的思考，多年前梁启超已经涉及：
正因有了革命之提倡，道民权，说变法，倡西学，便没有多少障
碍了[②]。陈独秀说得更直白："譬如货物买卖，讨价十元，还价三
元，最后的结果是五元。……改新的主张十分，社会惰性当初只
能够承认三分，最后自然的结果是五分。"[③]五四新文化人正是
洞悉国民的保守性，先将话题推到顶点，碰到反抗，再退回合理
的位置。如此求胜心切，更多考虑策略与效果，而不是宗旨与逻
辑，落实到文章体式，必定偏于"攻其一点不及其余"的"杂感"，
而不是堂堂正正、自我完善的"论文"。如此剑走偏锋，当初很有
效果，只是随着时代变迁，其负面效应逐渐显示出来。

我曾借用留学生胡适"常用札记做自己思想的草稿"[④]，
推演到五四时期陈独秀、钱玄同、胡适、鲁迅、周作人等的

[①] 鲁迅：《三闲集·无声的中国》，《鲁迅全集》第 4 卷第 13—14 页。
[②] 梁启超《敬告我同业诸君》："二十年前，闻西学而骇者比比皆然也，及言变法起，
则不骇西学而骇变法矣。十年以前，闻变法而骇者比比皆然也，及言民权者起，则不骇变
法而骇民权矣。一二年前，闻民权而骇者比比皆然也，及言革命者起，则不骇民权而骇革
命矣。"
[③] 陈独秀：《调和论与旧道德》，《新青年》第 7 卷第 1 号，1919 年 12 月 1 日。
[④] 参见《〈胡适留学日记〉自序》，《胡适留学日记》第 4 页，上海：商务印书馆，1947 年。

"通信"与"随感"。既然是"草稿"而非"定本",不妨即席发言、横冲直撞,《新青年》上最为激烈的议论,多采取这两种文体①。若放长视野,晚清及五四新文化人关于人类前途、文明进程、中国命运等宏大论述,都可看作 20 世纪中国人的"思想的草稿"。

正因身处危机时刻,来不及深思熟虑,往往脱口而出,不够周密,多思想火花,少自坚其说,各种主义与学说都提到了,但都没能说透,留下了很多的缝隙,使得后来者有很大的对话、纠偏以及引申发挥的空间。这种既丰富多彩、又意犹未尽的"未完成性",也是五四的魅力所在。

2019 年 3 月 3 日于京西圆明园花园

[初刊(香港)《二十一世纪》2019 年 4 月号;节本刊 2019 年第 5 期《探索与争鸣》,《高等学校文科学术文摘》2019 年第 4 期转载]

---

① 参见陈平原《触摸历史与进入五四》第 86—91 页。

新文化运动中"偏师"的作用及价值

——以林琴南、刘师培、张竞生为例

读过战史的人都明白，打仗时，中军固然重要，偏师同样不可或缺。可等仗打完了，论功行赏或铸铁为犁时，偏师往往被冷落乃至打压。文化运动也不例外，唱主角与敲边鼓，本是各司其职，即便不说配合默契，也是互相尊重。可到了某个特定时刻，因口号、立场或路径选择发生冲突，内部呈现多元化倾向，偏师与中军的关系变得十分微妙。后世的历史学家为了故事的完整性，删繁就简，抹杀了很多与主线不太相关的旁枝。这么一来，固然增加了戏剧性，可冤枉了不少好人，更重要的是，大大削弱了运动本身的丰富性与复杂性。

引入"偏师"的概念，谈论与新文化运动的"起承转合"密切相关的三个北大人物——前文科教习林纾（1852—1924）为何在被解聘六年后翩然归来，与新文化人直接对抗；国文系教授刘师培（1884—1919）早年以"激烈派第一人自居"，1919 年新旧激辩时，主张昌明国粹，却拒绝为旧派领衔；曾在 1920 年代名满天下的北大哲学教授张竞生（1888—1970），最后竟凭借薄薄一册《性史》赢得生前无数骂名，也收获了半个多世纪后的无限风光。这三位北大前辈，都曾在新文化的历史舞台上活跃过，但因在某个节骨眼上，与蔡元培、陈独秀、胡适、钱玄同、周作人等为主干的新文化阵营步调不一致，乃至发生直接冲突，在日后的历史书写中，其功绩被刻意淡化，其形象也被逐渐丑化。

美国学者周策纵谈及新文化运动中"反对者的诘难和改革者的辩驳"时，描述"这一派旧文学的提倡者是由刘师培领导的"，其"公共论坛是提倡文言文孔教和旧伦理的《国故》杂志"；1919年2月和3月林纾在上海的《新申报》上发表讥讽蔡元培、陈独秀等新文化人的《荆生》和《妖梦》，"这个故事据信是林号召军阀们，特别是号召崇拜林的安福系最能干的领导人之一徐树铮将军干涉北大的事务"[①]。生活在中国的学者，谈及新文化人的对立面林琴南与刘师培，更是义愤填膺，如萧超然《北京大学与五四运动》便称："封建文化的死心塌地的卫道士林纾，在五四运动爆发前夕，再次带头跳了出来，以远比前次凶恶的气势，向新文化运动及其中心——北京大学发起了猛烈的进攻"；"这时，以刘师培、黄侃为首的《国故》月刊社，也积极与林纾相配合，紧密呼应"。[②] 这两位都是严肃的学者，所论也都不无根据，只是囿于五四新文化人的立场，对晚清一路走来的先行者林琴南、刘师培评价过于苛刻。其他有关五四的著作，更是喜欢将林、刘塑造成逆历史潮流而动的反面人物，极尽嘲笑之能事。而在我看来，表

---

① 参见周策纵著、周子平等译《五四运动：现代中国的思想革命》第79、85页，南京：江苏人民出版社，1996年。

② 参见萧超然《北京大学与五四运动》第160页，北京：北京大学出版社，1986年。

彰新文化是对的，拿林、刘"祭旗"则很不应该。

这里的关键在于如何看待"新文化"的酝酿、形成与推进。新文化不是凭空而降，也不是胡适、陈独秀登高一呼就能实现的。我曾再三强调，应该将1898—1927年这三十年作为一个整体来把握与阐释①。这一思路背后，是淡化"事件"的戏剧性，凸显"进程"的漫长与曲折。从风起于青萍之末，到大风起兮云飞扬，有一个漫长的奋斗过程，不是每个人都能幸运地站在风口上的。"这就好像一部多幕剧，开场时登台亮相的，说不定中间就退场了；第一幕跑龙套的，也可能第二、第三幕变成了主角。至于谁唱到最后，不等于谁就是最大的赢家。谢幕时出来领受掌声的，应该是全体演员，而不仅仅是主角或最后一位演唱者。"②

前北大文科教员林纾（1906—1913），曾是文坛及学界的风云人物，离开北大教席六年之后，因看不惯一班新人的"乱折腾"，不顾年迈体衰，独自跳将出来，以一篇备受争议的《答大学堂校长蔡鹤卿太史书》而"名扬青史"。此文的中心论点，批"提倡新道德，反对旧道德"者乃"必覆孔孟、铲伦常为快"，以及反对"尽废古书，行用土语为文字"③，在此前的多篇文章中已多有涉及，如《送大学文科毕业诸学士序》（1913）、《论古文之不宜废》（1917）等。呼吁诸君"力延古文之一线，使不至于颠坠"，或者"知腊丁

---

① 参见陈平原《"新文化"如何"运动"——关于"两代人的合力"》,《中国文化》2015年秋季号。

② 陈平原：《作为一种思想操练的五四》第47页，北京：北京大学出版社，2018年。

③ 林纾：《答大学堂校长蔡鹤卿太史书》,《畏庐三集》第26页上至28页上，上海：商务印书馆，1924年。

之不可废，则马、班、韩、柳亦自有其不宜废者"①，这并没什么不妥，起码是自成一说。不管你喜欢不喜欢，大转折时代的特立独行、"守先待后"，是一种值得尊重的价值立场。

唯一不太雅观的是其"游戏笔墨"《荆生》与《妖梦》，可也说不上多大的罪过，《新青年》上刊出钱玄同代拟的王敬轩来信，以及刘半农嬉笑怒骂皆成文章的《答王敬轩书》，不也是一种假托与戏弄？所谓林纾写《荆生》的目的，是怂恿手握兵权的弟子徐树铮动用武力来消灭新文化人，实乃新文化人谋求公众支持的"哀兵之计"。在1919年3月9日出版的《每周评论》第12号上，李大钊不仅撰写了《新旧思潮之激战》，批判对手"鬼鬼祟祟的，想用道理以外的势力，来铲除这刚一萌动的新机"，还转载林纾此小说，并加上题为《想用强权压倒公理的表示》的按语，称林纾的《荆生》"就是代表这种武力压制的政策的"。当初为了凝聚力量，制造舆论，丑话说在前，作为一种斗争策略，完全可以理解；可时隔多年，还这么批判林纾，那就近乎构陷了。研究者越说越实，把一篇子虚乌有的小说，说成了货真价实的战书。若有惊天大阴谋，必须是密室策划，步步为营，不可能远隔千里，跑到上海报纸上发表小说，来指挥北京的军阀镇压北大新文化人。更大的可能性是，林纾本人自幼学剑，即所谓"少年里社目狂生，被酒时时带剑行"②，再加上撰有记录闽中武林逸事的《技击余闻》，还

---

① 参见林纾《送大学文科毕业诸学士序》，《畏庐续集》第20页下，上海：商务印书馆，1916年；《论古文之不宜废》，1917年2月1日《大公报》及1917年2月8日《民国日报》。

② 林纾：《七十自寿诗》其二，见朱羲胄《贞文先生年谱》卷二第46页，《林琴南学行谱记四种》，台北：世界书局，1961年。

有《剑腥录》中吹嘘邴仲光如何仗剑行侠，这小说中的"伟丈夫"，实为林纾的自我期许。只是三人成虎，日后史家懒得仔细追究，林纾"勾结军阀铲除异己"的罪名，就这样被派定了[①]。

林纾的尴尬之处在于，虽然他公开跳出来叫阵，可作为旧派的代表，分量是不够的[②]。翻译大量西洋小说，出版《闽中新乐府》，编写《修身讲义》，还积极投身开民智办学堂的时代大潮，林纾的所长及贡献主要在"新知"而不是"旧学"。若着眼于清末民初语言及文体变革的大潮，由幽深的文言到平实的白话之间，有个过渡形态，那就是浅白文言；而由洁净的古文到芜杂的小说之间，也有个简易桥梁，那便是林纾那些一身二任、徘徊于雅俗之间的译述小说。林纾对于现代白话文的意义，不只是扮演反对者的角色，也有某些实实在在的贡献。可惜，晚清开启的变革大潮，一浪高过一浪，几个波次下来，冲垮了第一代启蒙者立足的根基。早年的先行者，如今站到了对立面，这种大变革时代常有的尴尬，值得后来者深切同情。

一场大的思想文化运动，在其展开的过程中，会出现各种不同的声音，有人赞成，有人反对，这都很正常。日后某种声音占了上风，取得了决定性胜利，可那不等于所有反对者都是敌人。在我看来，凡在新文化运动期间参与对话的，不管立场左中右、

---

① 参见陈平原《作为学科的文学史——文学教育的方法、途径与境界》第298页，北京：北京大学出版社，2016年。

② "其实林琴南所作的笔记和所译的小说，在真正旧文学家看起来，也就不旧不雅了。"参见陈独秀《关于北京大学的谣言》，《陈独秀文章选编》上册第363页，北京：生活·读书·新知三联书店，1984年。

声音高中低、力量大中小，都值得称道，都有其特定的历史地位。因为，新文化提倡者最怕的不是对抗，而是无人理睬，那才是真正的寂寞与空虚。"新旧对立"论述框架的确立，赋予陈独秀等人道德及道义的力量。某种意义上，新文化正是在这种对峙、对抗与对话中逐渐成长起来的。记得鲁迅《半夏小集》的话："最高的轻蔑是无言，而且连眼珠也不转过去。"[①]愿意站出来激烈争辩的，还是真把对方当回事，而不是如严复嘲笑林纾："此事全属天演，革命时代，学说万千，然而施之人间，优者自存，劣者自败，虽千陈独秀，万胡适、钱玄同，岂能劫持其柄？则亦如春鸟秋虫，听其自鸣自止可耳。"[②]林纾愿意站出来与新文化人正面争锋，不仅不可笑，还值得尊敬。不管是林琴南、刘师培，还是梅光迪、章士钊，都是很有风度的正人君子，即便论战中占下风，也没有使用任何下三烂的手段。

当年北大校园里及课堂上，确有新旧之争，且相当激烈，但那只是"风气"与"趋势"，尚未结成立场坚定、行动一致的"党派"。而且，若就国文系而言，刘师培为首的旧派还略占上风。可是，1919年3月18日北京的《公言报》发表林纾的《致蔡鹤卿书》及《请看北京学界思潮变迁之近状》，将刘师培派定为旧派领袖，称其如何与陈独秀为首的新派激烈对抗，两军对垒，旗鼓相当云云[③]。刘师培马上给《公言报》去函，且送登《北京大学日刊》，

---

① 鲁迅：《且介亭杂文末编·半夏小集》，《鲁迅全集》第6卷第327页，北京：人民文学出版社，1981年。

② 严复：《与熊纯如书札》，《严复集》第3卷第699页，北京：中华书局，1986年。

③ 随后，1919年3月21日《神州日报》刊出《北京大学新旧两派之争衡》，也持类似看法。

除了批评报道不实，更称："鄙人虽主大学讲席，然抱疾岁余，闭关谢客，于校中教员素鲜接洽，安有结合之事。又《国故》月刊由文科学员发起，虽以保存国粹为宗旨，亦非与《新潮》诸杂志，互相争辩也。"①拒绝与林纾结盟，不愿与陈独秀为敌，更不想让对他极为礼遇的蔡元培校长为难。这一纸划清界限的自辩，化解了北大好多尴尬——这也是刘师培将此函首先送《北京大学日刊》的缘故。

刘师培早年也曾是报人，明白媒体特性，故拒绝随风起舞。身体不好是真的，因他当年11月便在京病逝；但也不排除吸取此前深刻教训，不愿再介入现实政治②，而改为潜心学问。但要说"保存国粹"的立场，并不意味着与《新潮》诸君争锋，必须了解刘师培的整个人生，方能领悟。1904年，刘师培在《警钟日报》上撰文，称："中国自古以来，言文不能合一，与欧洲十六世纪以前同。欲救其弊，非用白话末由，故白话报之创兴，乃中国言文合一之渐也。"③第二年，刘又在《国粹学报》上连载《论文杂记》，讲古今文字有深浅文质之殊，缘于"进化之公理"："故近日文词，宜区二派：一修俗语，以启瀹齐民；一用古文，以保存国学，庶前贤矩范，赖以仅存。若夫矜夸奇博，取法扶桑，吾未见其为文也。"④刘师培之谈论文白，视野相当开阔，既提到"英儒斯宾塞

① 刘师培：《刘师培致〈公言报〉函》，1919年3月24日《北京大学日刊》。

② 参见陈平原《激烈的好处与坏处——也谈刘师培的失节》，收入北京：生活·读书·新知三联书店2006年版《当年游侠人——现代中国的文人与学者》。

③ 刘师培：《论白话报与中国前途之关系》，1904年4月26日《警钟日报》。

④ 刘师培：《中国中古文学史·论文杂记》第109—110页，北京：人民文学出版社，1959年。

耳",也说及"昔欧洲十六世纪教育家达泰氏",再加上梳理了自古以来中国文学的发展趋势,可谓言之有据。也正是有此思想根基,在刘师培看来,所谓保存国粹与阐扬新知,并不天然对立。据说刘师培"在课堂上绝少批评新文学,他主张不妨用旧有的文章体裁来表达新思想,这是用旧瓶装新酒的办法",这与经常在课堂上辱骂新文学的黄侃不同[①]。这种曾登高望远、不薄俗语爱古文的姿态与境界,使其有可能超越简单的文白对立。可惜的是,刘师培此时已病入膏肓,没能力更多申辩与阐发,只能发一简单声明。后人不察,将其与林纾并列,说成都是旧派领袖,绝非他所能认同。因为,林之尊崇"桐城",与刘的提倡"选学",文章趣味与学术立场相差十万八千里,绝无"紧密呼应"的可能性。

至于1919年1月26日在刘师培宅正式成立的《国故》月刊社,主要以国文系学生为主,所谓刘师培、黄侃出任《国故》总编辑,陈汉章、马叙伦、吴梅、黄节等出任特别编辑,那都只是为学生站台而已。"昌明中国固有之学术",这宗旨今天看来光明正大,即便蕴含着与《新潮》竞争的姿态,也没什么可非议的。可在日后的历史叙述中,立场决定一切,斗争成为主线,新旧似乎越来越水火不相容,于是,《国故》诸君被彻底妖魔化了。同班同学中,除了以"文艺复兴"相号召的《新潮》,还有主张"昌明中国固有之学术"的《国故》,以及提倡"新旧学说并行、东西文化并重"的《国民》。同一年级的北大中文系学生,因政治立场和文化取向

---

① 参见杨亮功《早期三十年的教学生活》第16页,台北:传记文学出版社,1980年。

不同，分别编辑了这三个五四时期很有影响的杂志，形成激烈竞争之势，共同推进新文化事业，这很了不起。

可惜，关于《新潮》《国民》的回忆文章很多，而涉及《国故》的则极少。我曾努力追寻《国故》月刊同人日后的追怀，发现材料实在太少。后来学业有成的罗常培，多次谈论五四运动，但回避了早年参加《国故》的活动；只有活跃于沦陷时期北京学界的俞士镇，曾在《廎居忆旧录·一、刘申叔先生》中略有辩解。原因是，"生不逢时的《国故》，很快被迫扮演反派角色，在众多关于'五四'的论述中，成为嘲笑对象"，当事人耻于提及。"历史基本上是胜利者书写的，作为失败者的《国故》，没有多少发言的机会。"[1] 既然如此，历史学家有必要主持公道，警惕"成王败寇"的思维方式。

1922 年 4 月，美国计划生育创导者山格夫人（Margaret Sanger）应邀在北大第三院大礼堂讲演，有一合影，长期在北大校史馆陈列：山格夫人居中，左边胡适，右边张竞生。今天的读者很难领会，1920 年代初期，北大校园里，张竞生与胡适都属于风云人物。同是北大哲学教授，美国博士胡适引进杜威，名满天下，引领风骚数十年；法国博士张竞生信奉卢梭[2]，却举步维艰，成为一颗划

---

① 参见陈平原《作为一种思想操练的五四》第 115—116 页。

② "从早年的博士论文《关于卢梭古代教育起源理论之探讨》，到北大教书时的专著《美的人生观》《美的社会组织法》，到离开学界后的译述《卢骚忏悔录》《梦与放逐》《歌德自传》《烂漫派概论》《伟大怪恶的艺术》，一直到晚年撰写'半自传式'的小品文《浮生漫谈》《十年情场》《爱的漩涡》等，几乎张竞生所有的著译，都隐隐约约可见卢梭的影子。"参见陈平原为张培忠《文妖与先知——张竞生传》（北京：生活·读书·新知三联书店，2008年）撰写的序言《孤独的寻梦人》。

过天际、瞬间照亮漫漫夜空的彗星。为什么？这涉及新文化人努力的方向，以及新文化运动的天花板。终其一生，张竞生最为春风得意的，莫过于北大任教那五年（1921 年 10 月—1926 年 6 月）。授课之余，在《晨报副刊》上发起爱情大讨论，提出爱情四定则，曾名噪一时。事情的大致经过是这样的：1922 年 3 月，北京大学名教授、代理总务长谭熙鸿①的妻子陈纬君因病逝世，遗下一对年幼的儿女。6 月 24 日，《北京大学日刊》发表蔡元培、李大钊、李石曾、张竞生等联名的《谭陈纬君夫人行状》。同年秋天，原在广州就读的陈纬君之妹陈淑君避战乱来京，暂住姐夫家。不久二人相恋，并很快成婚。1923 年 1 月 16 日，北京《晨报》刊出《谭仲逵丧妻得妻，沈厚培有妇无妇》，指控北大教授横刀夺爱，道德沦丧。第二天的《晨报》上刊出陈淑君的《谭仲逵与陈淑君结婚之经过》，称与沈君只是相识，而并无婚约，至于"与仲逵结婚，又纯出双方之志愿"。此等事公众感兴趣，报纸有热情，于是事情越闹越大。就在这个时候，张竞生挺身而出，在 4 月 29 日《晨报副刊》发表《爱情的定则与陈淑君女士事的研究》，与其说为朋友两肋插刀，不如说是借朋友家事表达自家的爱情观念。张所开列的"爱情四定则"——爱情是有条件的，爱情是可比较的，爱情是可变迁的，夫妻为朋友的一种——今天看来很平常，当年却是一石激起千层浪，众多投书中，包括鲁迅与许广平。两个多月的论战，

---

① 参见《请谭熙鸿任代理总务长的布告》（1922 年 2 月 21 日）、《仍请谭熙鸿任代总务长的启事》（1922 年 6 月 15 日），《蔡元培全集》第 4 卷第 543 页，杭州：浙江教育出版社，1997 年。

最后以张竞生《答复"爱情定则的讨论"》长文作结①。张竞生在此次爱情大讨论中的作用，当时学界一般持肯定态度。直到出版惊世骇俗的《性史》，方才被视为"国民公敌"②。

出任北大风俗调查会主任委员的张竞生，曾编列三十多项应调查的事物，其中妙峰山进香调查由顾颉刚负责，有民俗学经典著作《妙峰山》传世；至于性史调查，其他教授都不敢接，求胜心切的张竞生亲自披挂上阵。先是在1926年2月2日《京报副刊》刊出《一个寒假的最好消遣法——代"优种社"同人启事》，征求大学生的性经验，含九项内容，从几岁春情发生，到手淫、梦遗、同性恋，再到口交、嫖妓、性好、性量、性趣等，"请代为详细写出来"。而且，张竞生草拟的"启事"还特别说明："尚望作者把自己的'性史'写得有色彩，有光芒，有诗家的滋味，有小说一样的兴趣与传奇一般的动人。"1926年5月，张竞生将编纂好的《性史》第一集以性育社的名义交光华书局出版，虽然张本人的《序》及《赘语》努力学理化，但七个案例细致入微，文采飞扬，成了主要看点。一时间，民众争相抢购，不法书商伪造续书，道德之士纷纷谴责，张教授命运从此发生大逆转③。

追摹的是英国学者蔼理士，但没做好充分的学术准备，仓促

① 1928年，张竞生主持的美的书店出版《爱情定则讨论集》，收集此次论战的大部分文字；2011年，生活·读书·新知三联书店重刊此书，改题《爱情定则——现代中国第一次爱情大讨论》（张竞生、鲁迅等著，张培忠编）。

② 更大的转折在张竞生1926年6月南下上海，创办关注妇女问题与性教育的《新文化》月刊，以及让人充满遐想的美的书店。此后，张屡战屡败，屡败屡战，精神可嘉，但很难再有大的作为。

③ 参见张培忠《文妖与先知——张竞生传》第347—361页。

上阵，留下很大遗憾。张竞生日后也承认，征文及选文的方向出现偏差，导致"《性史》第一集中未免有'小说化'的毛病"，难怪时人将其作为淫书来抢购与阅读①。虽说日后诸多续书乃不法商人牟利之举，与张竞生本人无关，但开篇没做好，犹如打开了潘多拉的盒子，始作俑者，难辞其咎。我在《新文化运动的另一面》中提及："真正给与张竞生致命打击的，不是'传统的保守势力'，而是同样关注妇女问题及性道德的新文化人。因他们特别担心，这位完全不顾中国国情的张竞生，将这个好题目给彻底糟蹋了。这就好像一头莽撞的大象，出于好奇，闯进了瓷器店，悠然转身离去时，留下了无法收拾的一地碎片。"②张竞生的败走麦城，不仅仅是个人的悲哀，更让我们明白新文化运动的边界与雷池。一个时代的思想潮流及情感结构，有其大致走向，非个别先知所能左右。某种意义上，"超前"的思考与表达，也是一种生不逢时。

北京大学作为新文化运动的主战场，各种人物轮番登场，角色的自我定位与社会的评判尺度，很难完全吻合。那些"过早登场"或"提前出局"的，在日后的历史书写中，往往很难得到妥善安排。二十年前，余英时就提醒，"将梅光迪和吴宓的文化保守

---

① 参见江中孝编《张竞生文集》下卷第103—108页，广州：广州出版社，1998年；张竞生著、张培忠辑《浮生漫谈——张竞生随笔选》第154—159页，广州：生活·读书·新知三联书店，2008年。

② 陈平原：《新文化运动的另一面——从卢梭信徒张竞生的败走麦城说起》，2018年11月30日《文汇报》。

主义，置于与五四新文化的同一的论述结构之中"①。困难不在于具体个案，而在整体的论述框架。比如，今日中国学界，不仅学衡派得到充分重视，林纾研究成了热门话题，刘师培、张竞生也有若干很好的评传，可在综合性史著中，依旧是以新旧对立为主轴，将林纾等描写成"反派人物"。

今天需要的，不是平反冤狱，而是建立一种"不以成败论英雄"的历史哲学，这里包括：第一，激烈论争的对手，可能是曾经携手的"偏师"，而不是你死我活的仇敌；第二，新旧对立是一个过于粗疏的论述框架，不仅对"起了个大早赶了个晚集"者很不公平，而且要求"苟日新，日日新"很难做到，即使做到了也不见得就是好事；第三，承认对立双方可能各有其合理性，可以判断是非，但没必要入主出奴；第四，理解波澜壮阔的文化运动自身的复杂性，不是每个人都能踩对节奏（在恰当的时候做恰当的事业），因此，庆贺胜利者的同时，请记得失败者的努力；第五，建立尽可能宽阔的新文化光谱，从最亮到最暗，从最左到最右，容纳尽可能多的不同声音与立场，某种意义上，两翼的张力越大，中坚的突破越有可能；第六，明白历史上实现的，不见得就是最佳方案，那些没能实现的理念以及失败者的命运，同样值得同情与尊重，且因长期受压抑，更需学者为其代言；第七，记得一场大戏，生旦净末丑轮番登场，聚光灯或掌声大都给了主角，但配

---

① 余英时：《文艺复兴乎？启蒙运动乎？——一个史学家对五四运动的反思》，见余英时等著《五四新论：既非文艺复兴亦非启蒙运动》第1—31页，台北：联经出版事业公司，1999年。

角也自有其存在价值，若舞台翻转或剧目轮换，这出戏的配角或许就成了另一出大戏的明星。

"诸多失败的或不太成功的选择，就好像历史的折痕，或深或浅地镌刻着诸多惊心动魄的故事。折痕处，其实百转千回，你必须有耐心慢慢展开，仔细辨析，才能看得见、摸得着、体会得到那些没能实现的理想、激情与想象力。"[①]当初写下这段话，确实是有感而发。本文将以往谈论新文化运动时淡化乃至丑化的林纾、刘师培、张竞生连成一线，并给予某种同情之理解，希望借此扩大新文化运动的光谱，理解那些没有实现的计划与理念，借倾听那些被压抑的声音，重新思考五四新文化运动的复杂性与纵深感。

这是一种必要的自我调整，也是进一步深入开拓的前奏。

2019 年 4 月 5—15 日草于哈佛旅次

[初刊《北京大学学报（哲学社会科学版）》2019 年第 3 期]

---

① 陈平原：《观察张竞生的一个角度》，2018 年 12 月 11 日《南方都市报》。

直面核心文本

——《五四读本》前言

关于五四运动的时间跨度，历来众说纷纭。本读本不做仔细考辨，而是取目前学界的主流意见，即从《新青年》创办的 1915 年说起，到 1922 年新文化运动取得决定性胜利为止。选择此云蒸霞蔚的八年中五十篇有代表性的文献，让非专业的读者能直接触摸那段早已尘封的历史，与一个世纪前的先贤对话，并做出自己的独立判断。比起简单明了的教科书或爱憎分明的小册子来，由若干基本文献构成的"读本"，虽也受编者立场的制约，但相对接近原始状态，路径纵横交叉，声音抑扬起伏，读者经由仔细的辨析，可以建立属于自己的历史地图。

经由一百年反复的纪念、陈述与阐释，五四实际上已经成了一个巨大无比的储藏室，只要你闯进去，随时都能找到自认为合适的食物或武器——可这不等于就是五四那代人的真实面貌。一次次带有仪式感的五四纪念，自有其社会动员与文化建设的意义。但我以为更重要的，还是阅读当年那些核心文本，经由自己的独立判断，与历史展开深入对话；而不是人云亦云，记得某些标准答案。当然，这里有个假设，那就是，五四不以"密室商谈"

见长，绝大部分立场与思考都落在纸面上，且当初曾公之于世。也就是说，本读本呈现的，主要是"思想的五四"，而不是"行动的五四"——后者需要历史学家借助各种公私档案钩稽与重建。

本读本中，直接谈论作为学潮的五四运动的，主要是以下几篇——梁漱溟的《论学生事件》、罗家伦的《"五四运动"的精神》、张东荪的《"五四"精神之纵的持久性与横的扩张性》、许德珩的《五四运动与青年的觉悟》、孙中山的《致海外国民党同志书》，以及梁启超的《"五四纪念日"感言》。相对来说，涉及新思潮、新青年、新伦理、新文学的，更值得关注。以下略为摘引。

关于新思潮——胡适曾引述尼采的"重新估定一切价值"，来为五四新文化人眼中的"新思潮"定义："我以为现在所谓'新思潮'，无论怎样不一致，根本上同有这公共的一点——评判的态度。孔教的讨论只是要重新估定孔教的价值。文学的评论只是要重新估定旧文学的价值。……这种评判的态度是新思潮运动的共同精神。"（《新思潮的意义》）杜亚泉不喜欢将"新思想"归结为"推倒一切旧习惯"，认定那只是一种情绪，"仅有感性的冲动，而无理性的作用"，其作用近似"英国当十九世纪初期，劳动者以生活困难之要求，闯入工场，摧毁机器"（《何谓新思想》）。蔡元培则意识到中国人受数千年专制思想影响，习惯排斥乃至消灭异己，故大学倾向于"循'思想自由'原则，取兼容并包主义"，具体说来就是："无论为何种学派，苟其言之成理，持之有故，尚不达自然淘汰之运命者，虽彼此相反，而悉听其自由发展。"（《蔡校长致〈公言报〉函并附答林琴南君函》）

关于新青年——在《青年杂志》创刊号上，陈独秀给"新青年"定了六个指标：自主的而非奴隶的、进步的而非保守的、进取的而非退隐的、世界的而非锁国的、实利的而非虚文的、科学的而非想象的（《敬告青年》）。那位日后因任教育总长而备受鲁迅等讥讽的章士钊，也曾这样谈论青年的职责："总之，一国之文化，能保其所固有；一国之良政治，为国民力争经营而来，斯其国有第一等存立之价值。此种责任，即在青年诸君。"（《新时代之青年》）至于学生领袖罗家伦，则在纪念五四运动一周年时，做了如下简明扼要的表述："总之五四以前的中国是气息奄奄的静的中国，五四以后的中国是天机活泼的动的中国。五四运动的功劳就在使中国'动'！"（《一年来我们学生运动底成功失败和将来应取的方针》）

关于新伦理——陈独秀在《本志罪案之答辩书》中称："追本溯源，本志同人本来无罪，只因为拥护那德莫克拉西（Democracy）和赛因斯（Science）两位先生，才犯了这几条滔天的大罪，要拥护那德先生，便不得不反对孔教、礼法、贞节、旧伦理、旧政治；要拥护那赛先生，便不得不反对旧艺术、旧宗教；要拥护德先生又要拥护赛先生，便不得不反对国粹和旧文学。大家平心细想，本志除了拥护德、赛两先生之外，还有别项罪案没有呢？若是没有，请你们不用专门非难本志，要有气力有胆量来反对德、赛两先生，才算是好汉，才算是根本的办法。"李大钊的《庶民的胜利》则说："须知今后的世界，变成劳工的世界，我们应该用此潮流为使一切人人变成工人的机会，不该用此潮流为使一切人人变成强盗的机会。凡是不作工吃干饭的人，都是强盗。强盗和强盗

82

夺不正的资产，也是一种的强盗，没有什么差异。"接下来，该轮到鲁迅的《我们现在怎样做父亲》上阵了："总而言之，觉醒的父母，完全应该是义务的，利他的，牺牲的，很不易做；而在中国尤不易做。中国觉醒的人，为想随顺长者解放幼者，便须一面清结旧账，一面开辟新路。就是开首所说的'自己背着因袭的重担，肩住了黑暗的闸门，放他们到宽阔光明的地方去；此后幸福的度日，合理的做人。'这是一件极伟大的要紧的事，也是一件极困苦艰难的事。"

关于新文学——胡适高举"国语的文学，文学的国语"大旗冲锋陷阵，取得了突出的业绩："我们所提倡的文学革命，只是要替中国创造一种国语的文学。有了国语的文学，方才可有文学的国语。有了文学的国语，我们的国语才可算得真正国语。国语没有文学，便没有生命，便没有价值，便不能成立，便不能发达。这是我这一篇文字的大旨。"（《建设的文学革命论》）钱玄同借为胡适的《尝试集》作序，与之遥相呼应："现在我们认定白话是文学的正宗：正是要用质朴的文章，去铲除阶级制度里的野蛮款式；正是要用老实的文章，去表明文章是人人会做的，做文章是直写自己脑筋里的思想，或直叙外面的事物，并没有什么一定的格式。对于那些腐臭的旧文学，应该极端驱除，淘汰净尽，才能使新基础稳固。"（《〈尝试集〉序》）周作人则希望将工具的变革与思想的进步合而为一，创造一种"人的文学"："用这人道主义为本，对于人生诸问题，加以记录研究的文字，便谓之人的文学。其中又可以分作两项，（一）是正面的，写这理想生活，或人间上达的可能

性；（二）是侧面的，写人的平常生活，或非人的生活，都很可以供研究之用。"（《人的文学》）

以提倡白话文为突破口，是个精彩的战略选择，这也是五四新文化人众多探索中，文学革命功绩最为显著、也最为坚挺的缘故。谈论兼及思想启蒙、文学革命与政治抗争的五四运动，可以突出政治与社会，也可以专注思想与文化，本读本明显倾向于后者。翻阅此读本，有三点提醒读者注意：

第一，作者绝少纯粹的政治人物（只有一位孙中山，但不是当权派），基本上都是大学师生或媒体人，他们的发言不代表党派，更多体现为读书人对于中国命运的深沉思考。正因乱世英雄起四方，没有占绝对主导地位的（政府权威尚未建立），各种思潮、学说、政治立场都得到了很好的发声机会，这也是五四时期言论格外活跃的缘故。在野诸君，"铁肩担道义，妙手著文章"，大胆立论，横冲直撞，虽说论战时不免意气用事，但绝无告密或以言入罪的可能。

第二，论战各方立场差异很大，但所谓新旧之争，只是相对而言。在现代中国文学史上被判为守旧的反面人物，在我看来，只是"不当令"而已——他们可能是上一幕的英雄（如林纾、章士钊），或下一幕的先知（如《学衡》诸君）。本读本所收录的，没有绝对的反派。大家都在寻求救国救民的路径，只是方向不同，策略有异，而"新文化"正是在各种力量相互对峙与冲撞中展开其神奇的"运动"的。其实，晚清开启的西学东渐大潮，早已积蓄了足够的能量，使得大多数读书人明白，变革在所难免，复古没有出路，争论的症结仅仅在于，是快跑还是慢走，是激进还是稳妥，是调和还是偏执。

第三，既然是报刊文章，基本上都是面对当下，绝少书斋里的玄思。诸多评论、随笔与杂感，表达直白且急切，单篇看不怎么样，合起来，方才明白那代人的思考及努力方向。"正因身处危机时刻，来不及深思熟虑，往往脱口而出，不够周密，多思想火花，少自坚其说，各种主义与学说都提到了，但都没能说透，留下了很多的缝隙，使得后来者有很大的对话、纠偏以及引申发挥的空间。这种既丰富多彩、又意犹未尽的'未完成性'，也是五四的魅力所在"①。

比起写给专家的鸿篇巨制，编一册面向公众的小书，很有必要，但并不容易。以十几万字的篇幅，呈现百年前那场以思想启蒙为主体的运动，需认真谋篇布局。本读本的特点是：第一，以人带文，基于我们对五四运动的理解，选择三十一位重要人物，每人最多不超过三篇文章，以便呈现多种声音，避免一家独大；第二，所谓多元，并不排斥主导因素，新文化运动与北京大学关系极为密切，故北大人占了十九位（含兼课的钱玄同、鲁迅，以及早退的林纾、沈雁冰）；第三，不仅按惯例选录论战中截然对立的双方，更考虑运动的各相关方，力图呈现历史的侧面与背面；第四，这是一个以报章为中心的时代，当事人大都"有一种主张不得不发表"（陈独秀语），《新青年》入选文章最多，共十七篇，其次《东方杂志》六篇，再次《每周评论》四篇、《新潮》及《晨报》各三篇，《学

---

① 陈平原：《危机时刻的阅读、思考与表述》,（香港）《二十一世纪》2019年4月号。

衡》等各两篇；第五，全书不以人物或主题分类，所选文章一律按发表时间排列，以便呈现犬牙交错的对话状态；第六，以立论为主，不选文学作品（小说、诗歌、戏剧），文章篇幅实在太长的，采取节录方式；第七，既不删改，也不做注，只是提供作者简介，这对普通读者是个挑战——但我以为这种艰辛的阅读是值得的。

2019 年 3 月 17 日于京西圆明园花园

（初刊《文艺争鸣》2019 年第 5 期；作为《五四读本》前言，收入陈平原、季剑青编《五四读本》，台北：大块文化，2019 年 5 月）

两代人的合力

晚清与五四，这两代人在政治理念、人格理想、知识类型以及审美趣味方面虽有很大差异，但基本上是走在同一条大路上，且不知不觉中"合力"做成了一件大事，那就是古典中国向现代中国的转型。

· "新文化"如何"运动"——关于"两代人的合力"
· 何为/何谓"成功"的文化断裂——重新审读
　五四新文化运动
· 互相包孕的"五四"与"新文化"

"新文化"如何"运动"

——关于"两代人的合力"

你问什么是"新文化",这可不好回答;一定要说,必定是见仁见智。若仅限于反对"旧文化",那这个词没有多少阐释力。因无论何时何处,你都能见到其缥缈的踪迹。正因内涵不确定,边界很模糊,谁都能用,因而谁都无法独占,不管是《大不列颠百科全书》还是《中国大百科全书》,可收"新小说""新儒学",就是不收"新文化"。但如果加上"运动"二字,那就大不一样了。在当下中国,只要受过初等教育,都会振振有词地告诉你,那是五四运动爆发前后,由北大教授陈独秀、胡适、李大钊、钱玄同、周作人以及鲁迅等发起的以反传统、反礼教、反文言为标志的思想革命与文学革命。

说到此"运动",必须区分三个相互关联但不无差异的概念:"新文化运动""五四新文化运动""五四运动"。"五四运动"主要是社会抗争,有明确的政治诉求,"文化"居从属地位。谈"新文化"而戴上五四的帽子,标尺决定了视野,其论述必定大受限制。相对来说,还是"新文化运动"更有腾挪趋避的空间。

为什么强调"腾挪趋避"?因当初陈独秀在解答"新文化运动

是什么"时，就显得宽泛无边："新文化运动，是觉得旧的文化还有不足的地方，更加上新的科学、宗教、道德、文学、美术、音乐等运动。"[①]由此可见，这个今人表彰不已的"新文化运动"，最初就是个大箩筐，除了政治、军事、经济，其他的都可往里面装。

本文所要讨论的是，"新文化运动"到底从何而来、应如何划定边界，并阐明其发展动力。

一、被建构的"新文化运动"

很难说是谁第一个使用"新文化运动"这个词，但有一点可以肯定，这不是陈独秀、胡适的自我命名。1920 年 4 月 1 日，陈独秀在《新青年》发表《新文化运动是什么?》，开篇就是：

> "新文化运动"这个名词，现在我们社会里很流行。究竟新文化底内容是些什么，倘然不明白他的内容，会不会有因误解及缺点而发生流弊的危险，这都是我们赞成新文化运动的人应该注意的事呵!

这里有两点值得注意：第一，这是个新名词，但已经在社会上广泛流通了；第二，这新词不是陈独秀创造的，他只是"赞成"而已。同年 9 月 17 日，胡适在北京大学开学典礼上演讲，也有类似

---

① 陈独秀：《新文化运动是什么?》，《新青年》第 7 卷第 5 号，1920 年 4 月 1 日；又见《陈独秀文章选编》上册第 512 页，北京：生活·读书·新知三联书店，1984 年。

的表述：

> 我暑假里，在南京高等师范的暑期学校里讲演，听讲
> 的有七八百人，算是最时髦的教员了。这些教员是从十七省
> 来的，故我常常愿意同他们谈天。他们见面第一句话就恭维
> 我，说我是"新文化运动"的领袖。我听了这话，真是"惭
> 惶无地"。因为我无论在何处，从来不曾敢说我做的是新文
> 化运动。他们又常常问我，新文化的前途如何，我也实在回
> 答不出来。[①]

对于已经变得非常时髦的新名词"新文化运动"，作为主将的陈独
秀好歹还是认领了；而年少气盛的胡适，则干脆否认自己所从事
的就是"新文化运动"。

对于最早使用"新文化运动"这个词的那些人，鲁迅明显不
太信任。在撰于 1925 年 11 月的《热风·题记》中，鲁迅有这么
一段精彩的描述：

> 五四运动之后，我没有写什么文字，现在已经说不清
> 是不做，还是散失消灭的了。但那时革新运动，表现上却颇
> 有些成功，于是主张革新的也就蓬蓬勃勃，而且有许多还
> 就是在先讥笑，嘲骂《新青年》的人们，但他们却是另起了

---

① 胡适：《提高与普及》，1920 年 9 月 18 日《北京大学日刊》；又见《胡适全集》第 20
卷第 66 页，合肥：安徽教育出版社，2003 年。

> 一个冠冕堂皇的名目：新文化运动。这也就是后来又将这名
> 目反套在《新青年》身上，而又加以嘲骂讥笑的，正如笑骂
> 白话文的人，往往自称最得风气之先，早经主张过白话文
> 一样。[①]

在一年后所撰《写在〈坟〉后面》中，鲁迅再次表达了对于命名者的不恭："记得初提倡白话的时候，是得到各方面剧烈的攻击的。后来白话渐渐通行了，势不可遏，有些人便一转而引为自己之功，美其名曰'新文化运动'。"[②]鲁迅没说最初的命名者是谁，但言谈中不无讥讽——那可是大势所趋时，用来"收割光荣"的聪明伎俩。大转折时代，风气说变就变，"新文化运动"很快就洗去了尘埃，成了万众瞩目的"绝妙好辞"。这个时候，那些原本犹豫、质疑、讥讽的，也都"咸与维新"了。

曾经风起云涌的新社会、新青年、新思潮、新道德、新信仰、新思想、新学术、新文学等，如今被集约成了"新文化运动"，这虽非陈、胡等人的初衷，但既然已经流行开来，作为始倡者，你不认也得认。况且，反对者打上门来，用的是《论新文化运动》《评新文化运动》《评提倡新文化者》等醒目的标题[③]；而敏

---

① 鲁迅：《热风·题记》，《鲁迅全集》第 1 卷第 291—292 页，北京：人民文学出版社，1981 年。

② 鲁迅：《写在〈坟〉后面》，《鲁迅全集》第 1 卷第 285 页。

③ 参见吴宓《论新文化运动》，《学衡》第 4 期，1922 年 4 月；章士钊《评新文化运动》，《新闻报》1923 年 8 月 21—22 日；梅光迪《评提倡新文化者》，《学衡》第 1 期，1922 年 1 月。后两文收入郑振铎编选《中国新文学大系·文学论争集》第 195—201、127—132 页，上海：良友图书印刷公司，1935 年。

感的出版界闻风而动,编的也是《新文化辞书》①。因此,陈、胡等人只好也跟着讨论起什么是"新文化运动"来。

比起 1915 年《敬告青年》的"自主的而非奴隶的""进步的而非保守的""进取的而非退隐的""世界的而非锁国的""实利的而非虚文的""科学的而非想象的"②,毫无疑问,1919 年 1 月的《本志罪案之答辩书》更为旗帜鲜明,也更能体现"新文化运动"的精髓:

> 要拥护那德先生,便不得不反对孔教、礼法、贞节、旧伦理、旧政治。要拥护那赛先生,便不得不反对旧艺术、旧宗教。要拥护德先生又要拥护赛先生,便不得不反对国粹和旧文学。③

面对如一潭死水的传统中国,陈独秀高举"民主"与"科学"的大旗,横扫千军如卷席,虽如蛮牛闯进了瓷器店,撞倒了不少好东西,但毕竟促成了国人对于"旧文化"的深刻反省。此后的中国人,不再迷信"天不变,道亦不变",而是学会追问"从来如此,

---

① 1923 年商务印书馆出版唐敬杲编辑的《新文化辞书》,日后多次重印,颇有市场及影响力。此书序言称:"本书关于政治、宗教、经济、法律、社会、哲学、文艺、美术、心理、伦理、教育,以及自然科学方面凡是和新文化有关系而为我人所必需的知识,和对于各方面有重大贡献的学者底传记及其学说,兼收博采,分条列述。"

② 陈独秀:《敬告青年》,《青年杂志》第 1 卷第 1 号,1915 年 9 月 15 日;又见《陈独秀文章选编》上册第 73—78 页。

③ 陈独秀:《本志罪案之答辩书》,《新青年》第 6 卷第 1 号,1919 年 1 月 15 日;又见《陈独秀文章选编》上册第 317 页(改题为《〈新青年〉罪案之答辩书》)。

便对么?"① 在这个意义上，新文化运动时期的陈独秀，最让后人追怀的，不是具体论点，而是其坚定的立场与勇猛的身姿。

有一点值得注意，这一时期的陈独秀，谈"新文化运动"时，是不包含实际政治的。在《新文化运动是什么?》一文中，陈独秀称"文化是对军事、政治（是指实际政治而言，至于政治哲学仍应该归到文化）、产业而言"，因此，"新文化运动"只包含"新的科学、宗教、道德、文学、美术、音乐等运动"，而不涉及现实政治。② 在陈独秀看来，"文化运动"与"社会运动"是两回事，不该混为一谈。把政治、实业、交通都拉进来，这"文化运动"就变得无所不包；若连军事也进来了，"那便成了武化运动了，岂非怪之又怪吗"③。最好是分途发展，"文化运动"与"社会运动"各走各的路。对于鱼与熊掌之不可兼得，陈独秀有清醒的认识：

> 有一班人以为从事文化运动的人一定要从事社会运动，其实大大的不然；一个人若真能埋头在文艺、科学上做工夫，什么妇女问题、劳动问题，闹得天翻地覆他都不理，甚至于还发点顽固的反对议论，也不害在文化运动上的成绩。④

同样道理，从事社会运动的，不必要求其在文化运动上有成绩。

① 参见《狂人日记》,《鲁迅全集》第 1 卷第 428 页。
② 陈独秀:《新文化运动是什么?》,《陈独秀文章选编》上册第 512 页。
③ 陈独秀:《文化运动与社会运动》,《新青年》第 9 卷第 1 号, 1921 年 5 月 1 日；又见《陈独秀文章选编》中册第 119—120 页。
④ 陈独秀:《文化运动与社会运动》,《陈独秀文章选编》中册第 119 页。

此文意在提倡"新文化运动",故强调"创造文化,本是一民族重大的责任,艰难的事业",反对"拿文化运动当作改良政治及社会底直接工具"。①可作为壮怀激烈的"老革命党",陈独秀的真正兴趣还是在社会运动。此文发表后两个月,陈便在上海参与创建中国共产党,此后更全身心地投入风云激荡的实际政治。

反倒是书生气十足的胡适,老是想不清楚,以为《新青年》同人原本可固守不谈政治的约定,仅在思想文化领域大做文章的。因此,对于五四运动的爆发,以及日后的政治走向,胡适一直耿耿于怀。1960 年 5 月 4 日,胡适应台北广播电台的请求,做了题为《"五四"运动是青年爱国的运动》的录音演讲,其中提及"到了'五四'之后,大家看看,学生是一个力量,是个政治的力量,思想是政治的武器",因此各党派纷纷介入:

> 从此以后,我们纯粹文学的、文化的、思想的一个文艺复兴运动,有的时候叫新思想运动、新思潮运动、新文化运动、文艺复兴运动就变了质啦,就走上政治一条路上。②

类似的说法,胡适一直坚持,在"口述自传"中,也曾将五四运动称为"一场不幸的政治干扰",因为"它把一个文化运动转变成一个政治运动"。③身为历史学家,明知"没有不在政治史上发生

---

① 陈独秀:《文化运动与社会运动》,《陈独秀文章选编》中册第 120 页。

② 胡适:《"五四"运动是青年爱国的运动》,《胡适全集》第 22 卷第 807 页。

③ 参见唐德刚译《胡适口述自传》第 206 页,北京:华文出版社,1992 年。

影响的文化"，却幻想有一种不受政治尘埃污染的"纯粹的思想文化运动"，实在过于天真。[①]

那么，在陈独秀、胡适眼中，此等与"社会运动"有所切割的"文化运动"，到底包含哪些内容？所谓"新的科学、宗教、道德、文学、美术、音乐等运动"，陈独秀的说法不免太笼统。胡适则在不同时期有不同论述，我最看重的，是1929年所撰《新文化运动与国民党》：

> 新文化运动的大贡献在于指出欧洲的新文明不但是物质文明比我们中国高明，连思想学术，文学美术，风俗道德都比我们高明的多。陈独秀先生曾指出新文化运动只是拥护两位先生，一位是赛先生（科学），一位是德先生（民治）。吴稚晖先生后来加上一位穆拉尔姑娘（道德）。[②]

这里的关键，是"态度"而非具体论述。也就是说，当下中国，到底是主张复古，拥抱国粹，还是打开心胸，接受西方文明："新文化运动的根本意义是承认中国旧文化不适宜于现代的环境，而提倡充分接受世界的新文明。"[③]

无论是当初的挑战国民党，还是日后因"全盘西化"（胡适本人

---

① 参见胡适《我的歧路》，《胡适全集》第2卷第470页；陈平原《中国现代学术之建立——以章太炎、胡适之为中心》第130页，北京：北京大学出版社，1998年。

② 胡适：《新文化运动与国民党》，《新月》第2卷第6—7号合刊，1929年9月10日（文末注写为11月29日，应是杂志脱期）；又见《胡适全集》第21卷第444页。

③ 胡适：《新文化运动与国民党》，《胡适全集》第21卷第440页。

的说法是"充分世界化")备受非难，胡适所坚持的"新文化运动"立场，若一言以蔽之，就是用现代西方文化改造传统中国文化。准确地说，这不是胡适一个人的立场，而是"新文化运动"的基本宗旨。

对于"新文化运动"的宗旨、内涵及功过得失，中外学界多有论述，这里仅从一个特定角度，追踪此"运动"的来龙去脉，借以辨析其运作方式。

二、平视晚清与五四

若问"新文化"何以成为"运动"，首先必须确定，这故事到底该如何开篇，怎样收尾。单看上面引述的陈独秀、胡适、鲁迅等人文章，很容易得出一个印象，应以 1915 年或 1917 年为开端——前者指的是《新青年》创刊，后者则是"文学革命"的提倡。考虑到"文学革命"(白话文运动)也是思想启蒙的一个有机组成部分，不管论述重点何在，学者大都倾向于从《新青年》说起。

除了此主流论述，还有另外一种思路，那就是溯源至戊戌维新。出于对自家功业的体认，一般情况下，胡适更愿意凸显 1917 年的重要性，如"我认定民国六年以后的新文化运动的目的是再造中国文明"云云[①]，但在 1929 年的《新文化运动与国民党》中，为了说明"新文化运动"渊源有自，自称有"历史癖"的适之先生，竟有如此通达的见解：

---

① 胡适：《介绍我自己的思想》,《胡适全集》第 4 卷第 659 页。

　　中国的新文化运动起于戊戌维新运动。戊戌运动的意义是要推翻旧有的政制而采用新的政制。后来梁启超先生办《新民丛报》，自称"中国之新民"，著了许多篇《新民说》，指出中国旧文化缺乏西方民族的许多"美德"，如公德，国家思想，冒险，权利思想，自由，自治，进步，合群，毅力，尚武等等；他甚至于指出中国人缺乏私德！这样推崇西方文明而指斥中国固有的文明，确是中国思想史上的一个新纪元。同时吴趼人，刘铁云，李伯元等人的"谴责小说"，竭力攻击中国政治社会的腐败情形，也是取同样的一种态度。[①]

公开推崇梁启超等晚清一代的历史贡献，明确将"新文化运动"的起源追溯到戊戌维新，这对于当事人胡适来说，是十分难得的。为什么这么说？因为，五四一代平常是不怎么表彰晚清前辈的。每一代文人学者，在其崛起的关键时刻，普遍担心被上一代人的光环所笼罩，隐约都有弑父情结——或谈论时刻意回避，或采取激进的反叛姿态。对后代或上几代可以很客气，唯独对上一代特别挑剔，如此"远交近攻"，不管是否自觉意识到，都是"影响的焦虑"在作怪[②]。比如胡适谈白话文学，可以追溯到汉魏乐府、唐代的白话诗及禅门语录、宋代的词及话本、金元的小曲与杂剧、明清的小说等，就是不认真面对近在眼前的晚清白话文运

---

① 胡适：《新文化运动与国民党》，《胡适全集》第 21 卷第 442 页。
② 参见哈罗德·布鲁姆著、徐文博译《影响的焦虑》，北京：生活·读书·新知三联书店，1989 年。

动，因其容易颠覆"一九一六年以来的文学革命运动，方才是有意的主张白话文学"的立论[①]。同样提倡白话文，晚清一代与五四一代在宗旨、策略及实际效果上确有很大差异[②]，但这个差异不该导致故意抹杀前人的业绩。

有意无意地压抑上一代人的功业，这本是司空见惯；可因为五四新文化人的自我建构实在太成功，以致后来者往往直接套用其论述，这就使晚清一代处于非常不利的地位。以文学史写作为例，历史上很少有像五四那代人一样，能在功成身退后，借编选《中国新文学大系》而迅速地"自我经典化"，且深刻地影响了日后的历史书写。[③]也正因此，在中国，谈及古典中国向现代中国过渡这一重大转折，很长时间里，晚清一代的身影显得相当模糊，其功业也被严重低估。这里有毛泽东《新民主主义论》的决定性影响，但也与五四新文化人的精彩表现与自我塑造有关。

最近二十年，无论国内还是国外，关注晚清的学者日渐增加，对晚清文学/文化/思想/学术的评价也越来越高，"没有晚

---

① 胡适：《五十年来中国之文学》，《胡适古典文学研究论集》第151—153页，上海：上海古籍出版社，1988年。

② 不说胡适、鲁迅、周作人，即便从晚清走过来的蔡元培，也在《〈中国新文学大系〉总序》中称："（晚清）那时候作白话文的缘故，是专为通俗易解，可以普及常识，并非取文言而代之。主张以白话代文言，而高揭文学革命的旗帜，这是从《新青年》时代开始的。"见《蔡元培全集》第6卷第575页，北京：中华书局，1988年。

③ 参见陈平原《学术史上的"现代文学"》，《中国现代文学研究丛刊》1997年第1期；《在"文学史著"与"出版工程"之间——〈中国新文学大系导言集〉导读》，《现代中国》第15辑，北京：北京大学出版社，2014年7月。

清，何来'五四'"更是成为流行一时的口号^①。这里不想讨论晚清与五四谁高谁低、孰是孰非，而是探究将"新青年"与"老革命党"合而论之的可能性与必要性。

作为个体的研究者，有人独尊五四，有人喜欢晚清，只要能自圆其说，不存在任何违碍。至于谈"新文化"到底该从何说起，更是取决于各自的理论预设，没有一定之规。20世纪二三十年代的研究者，谈晚清而兼及五四（如陈炳堃《最近三十年中国文学史》，上海太平洋书店，1930年），或谈五四而兼及晚清（如郭湛波的《近五十年中国思想史》，北平人文书店，1936年），都是很平常的事。至于上海申报馆为纪念创办五十周年（1872—1922）而出版特刊《最近之五十年》，各专题论述都必定跨越晚清与五四（如胡适的《五十年来中国之文学》）。关键在于，那个时候学科边界尚未建立，学者尽可自由驰骋。

讨论"新文化运动"，照理说，最该直接面对的是伍启元所著《中国新文化运动概观》。这本1934年上海现代书局刊行的小册子，共十四章，分上下篇。作者野心很大，第一章从经济变迁谈学术思潮，最后一章牵涉诸多哲学论战，中间辨析文学革命、实验主义、疑古思潮、国故整理、唯物辩证法，以及人生观论战、东西文化讨论、社会史论战等，这么多话题，180页的篇幅如何容纳得下？好在此书基本上是撮述与摘引，每章后附录参考文献。书名原定"现代中国学术思想史"，出版前接受朋友的建议，改成现在的名字，这也就难怪书中常见"中国学术思想的变迁"之类

---

① 参见王德威著、宋伟杰译《被压抑的现代性——晚清小说新论》（北京：北京大学出版社，2005年）一书的导论"没有晚清，何来'五四'？"。

的说法。① 作者将 1840—1930 这九十年间的学术思想分为三大阶段：鸦片战争到甲午战争，"可以叫做中国旧文化的衰落期"；甲午战后到民国初年，因"西洋文化的接受事业，大有一日千里的趋势，这个阶段可以叫做新文化运动的启蒙时期"；"第三个阶段始于民国五年，直到现在。在这个时期内，学术思想界正式竖起新文化的大旗，极力提倡西洋文化；实在可以算是新文化运动的全盛时期"。② 虽说作者认定"新文化运动始于戊戌维新运动的时候；但到民五才正式的提倡"③，可具体论述时，除了第三章"文学革命运动和新文化运动"略为牵涉梁启超、谭嗣同、王国维等，其他各章均与晚清思想界无涉。至于一直讨论到兼及学问与政争的中国社会性质问题论战④，更可见作者心目中的"新文化运动"并无确定上下限，不过类似于陈炳堃的"最近三十年"或郭湛波的"近五十年"。

随着"新文学"课程的开设以及"现代文学"学科的逐步建立，谈论"新文化运动"，日渐倾向于截断众流，从《新青年》的"开天辟地"说起。新中国成立后，这一强化意识形态立场的主流论述，迅速将康梁的戊戌维新排除在"新文化运动"之外。只有个别学者，始终平视晚清与五四，甚至将二者"混为一谈"。采取

---

① 建议修改书名的，是作者在沪江大学时的老同学潘广熔，参见潘为伍启元著《中国新文化运动概观》（上海：现代书局，1934年）撰写的"序"。

② 参见伍启元《中国新文化运动概观》第3页。

③ 参见伍启元《中国新文化运动概观》第36页。

④ 全书篇幅最长的，正是这一章。别章10页左右，此章45页。除了话题近在眼前，更因作者在经济学方面的学养比较深厚。参见伍启元《中国新文化运动概观》第127—172页。

这一学术立场的，包括美国学者张灏以及始终生活在中国的我。

"在从传统到现代中国文化的转变中，19 世纪 90 年代中叶至 20 世纪最初 10 年里发生的思想变化应被看成是一个比'五四'时代更为重要的分水岭。"[①]基于此判断，张灏谈论"中国思想的过渡"时，就从梁启超这位"过渡时代的英雄"入手。此书写于四十多年前，受当时的学术潮流牵制，谈及梁启超与五四一代的思想联系时，作者显得迟疑不决。随着研究的深入，张灏方才不再强调晚清与五四的巨大裂缝。回头看，张灏对于"转型时代"的定义，有过四重转折——1971 年哈佛大学出版社版《梁启超与中国思想的过渡》定为 1890—1911 年；1978 年发表《晚清思想发展试论——几个基本论点的提出与检讨》，修正为 1895—1911 年；1990 年发表《形象与实质——再说五四思想》再次修正为 1895—1920 年；而收录在 2004 年联经版《时代的探索》中的若干论文，则最后确定为 1895—1925 年。[②]同样谈思想史上的"转型时代"，前两次囿于晚清，后两次则延伸至五四时期。

思想史专家张灏先生这一兼及乃至平视晚清与五四的思路，与我对中国文学转型的论述颇为相近。张先生是前辈，我在《中国现代学术之建立》中曾引述其将诸子学的复兴、大乘佛学的重新崛起以及儒家传统中经世致用思想的凸现作为影响晚清思想潮

[①] 张灏著、崔志海等译：《梁启超与中国思想的过渡（1890—1907）》第 218 页，南京：江苏人民出版社，1993 年。

[②] 参见丘为君《转型时代——理念的形成、意义与时间定限》，见王汎森等著《中国近代思想史的转型时代——张灏院士七秩祝寿论文集》第 507—530 页，台北：联经出版事业公司，2007 年。

流的三大本土资源。① 但在我撰写《中国小说叙事模式的转变》时，张先生尚未将"转型时代"延伸至五四。在此书"导言"中，我专门谈到：

> 毫无疑问，五四作家和被他们称为"老新党"的"新小说"家有很大的差别——从思想意识到具体的艺术感受方式。但我仍然把梁启超、吴趼人、林纾为代表的"新小说"家和鲁迅、郁达夫、叶圣陶为代表的五四作家放在一起论述，强调他们共同完成了中国小说叙事模式的转变。②

十年后，在《中国现代学术之建立——以章太炎、胡适之为中心》的"导言"中，我再次强调：

> 承认晚清新学对于当代中国文化的发展具有某种潜在而微妙的制约，这点比较容易被接受。可本书并不满足于此，而是突出晚清和五四两代学人的"共谋"，开创了中国现代学术的新天地。③

到了 2005 年，我推出《触摸历史与进入五四》，依旧主张谈论

---

① 参见张灏著、高力克等译《危机中的中国知识分子——寻求秩序与意义》第 14—28 页，太原：山西人民出版社，1988 年；陈平原《中国现代学术之建立——以章太炎、胡适之为中心》第 306 页。

② 陈平原：《中国小说叙事模式的转变》第 30—31 页，上海：上海人民出版社，1988 年。

③ 陈平原：《中国现代学术之建立——以章太炎、胡适之为中心》第 6 页。

五四必须兼及晚清：

> 这不仅仅是具体的论述策略，更是作者一以贯之的学术立场。谈论"五四"时，格外关注"'五四'中的'晚清'"；反过来，研究"晚清"时，则努力开掘"'晚清'中的'五四'"。因为，在我看来，正是这两代人的合谋与合力，完成了中国文化从古典到现代的转型。①

虽然"转型时代"上下限的划定略有差异——我说 1898—1927 年，张先生说 1895—1925 年，但主张平视晚清与五四，却是一致的。

作为思想史家，张灏从梁启超入手，扩展到晚清一代"危机中的知识分子"，再逐渐延伸至五四一代；我则是现代文学专业出身，最初的研究对象是鲁迅、胡适等，追踪其思想渊源，逐步上溯到晚清。同是关注知识转型，张侧重认同取向与危机意识，我则关注语言转向及文体革新。思辨程度与操作方式不太一样，但殊途同归，都主张将 1890 年代至 1920 年代这三十年作为一个整体来把握与阐释。

这一思路背后，是淡化"事件"（如"戊戌变法"或"五四事件"）的戏剧性，凸显"进程"的漫长与曲折。谈论"转型时代"，本就倾向于中长时段研究，是在三五百年的视野中，分析中国思想或中国文学发展的大趋势。并且，不是千里走单骑，而是综合考

---

① 陈平原：《触摸历史与进入五四》第 3 页，北京：北京大学出版社，2005 年。

量变革的诸多面向，如社会动荡、政治剧变、文化冲突、知识转型、思想启蒙、文学革命等。因此，不好简单地归功或归咎于某突发事件。这里的起承转合、得失利弊，不是三五天或一两年就能"水落石出"的。

另外，谈及现代中国思想、文学、学术的嬗变或转型，最好兼及"硬件"与"软件"——这当然只是比喻，却也颇为贴切。对于"新文化运动"来说，新思想的内涵如民主、科学、独立、自由等，不妨比作"软件"；而传播新思想的工具，如报纸杂志、新式学校、学会等，则可视为"硬件"。在一个危机四伏的时代，"硬件"与"软件"同样值得期待。在那篇高屋建瓴的《中国近代思想史的转型时代》中，张灏除了描述中国文化出现了空前的取向危机，加上新的思想论域适时浮现，转型时代中国知识分子的思想内涵产生了巨大的变化，更强调："在转型时代，报章杂志、学校与学会三者同时出现，互相影响，彼此作用，使得新思想的传播达到空前未有的高峰。"[①] 一般来说，思想史家更喜欢形而上的逻辑推演，难得兼及琐碎的文化史料，张灏先生描述"转型时代"时之"软硬兼施"，深得我心。

晚清迅速崛起的报章及出版，其传播新文化的意义，连政治家都很早就意识到了。1920 年 1 月 29 日，孙中山撰"致海外国民党同志书"，其中有这么一段："此种新文化运动，在我国今日，诚思想界空前之大变动。推原其始，不过由于出版界之一二觉

---

① 张灏：《中国近代思想史的转型时代》，(香港)《二十一世纪》1999 年 4 月号。

悟者从事提倡，遂至舆论放大异彩，学潮弥漫全国，人皆激发天良，誓死为爱国之运动。"[1] 当然，最精彩的论述，还属梁启超的"传播文明三利器"[2]。我曾多次引述梁启超的这一说法，且努力钩稽晚清以降学堂、报章、演说在传播新文化方面的贡献。

其实，钩稽与整理新闻史、出版史、教育史方面的资料并不困难（实际上已有不少成果可借鉴），难的是如何让"硬件"与"软件"变得水乳交融。谁都知道，"三利器"对于文学革命、知识更新、思想转型功不可没；可怎么使有形的物质与无形的精神结合得天衣无缝，才是难处所在。这方面，我做了若干尝试，比较得意的是《小说的书面化倾向与叙事模式的转变》《新教育与新文学——从京师大学堂到北京大学》《有声的中国——"演说"与近现代中国文章变革》等文。[3]

三、"两代人"如何"合力"

谈论思想史或文学史的"转型时代"，从 1895 年还是 1898 年说起，差别其实不大，都是着眼于甲午战败后中国读书人的自我

---

[1] 孙中山：《关于五四运动》，《孙中山选集》第 482 页，北京：人民出版社，1981 年第 2 版。

[2] 梁启超：《自由书·传播文明三利器》，《饮冰室合集·专集》第 2 册卷二第 41 页，上海：中华书局，1936 年。

[3] 参见陈平原《小说的书面化倾向与叙事模式的转变》，收入《中国小说叙事模式的转变》；《新教育与新文学——从京师大学堂到北京大学》，载《学人》第 14 辑，南京：江苏文艺出版社，1998 年 12 月；《有声的中国——"演说"与近现代中国文章变革》，刊《文学评论》2007 年第 3 期。

觉醒，以及由此展开的轰轰烈烈的维新运动。值得认真辨析的，反而是各自下限的设定——张定 1925 年，我定 1927 年，这到底有何玄机？

王汎森为《中国近代思想史的转型时代——张灏院士七秩祝寿论文集》撰写序言，其中有这么一段：

> 我推测张先生是以"主义时代"的兴起为"转型时代"的下限……"主义时代"兴起之后，原先那种充满危机与混乱，同时也是万马争鸣的探索、创新、多元的局面，逐渐归于一元，被一套套新的政治意识形态所笼罩、宰制，标帜着"转型时代"的结束。①

对于"主义时代"兴起导致创新、多元局面的消失，我与张先生深有同感。此前，在《中国现代学术之建立——以章太炎、胡适之为中心》的"导言"中，我也曾强调：

> 在我看来，1927 年以后的中国学界，新的学术范式已经确立，基本学科及重要命题已经勘定，本世纪影响深远的众多大学者也已登场。另一方面，随着舆论一律、党化教育的推行，晚清开创的众声喧哗、思想多元的局面也不复存在，取而代之的是立场坚定、旗帜鲜明的党派与主义之争，20 世

---

① 王汎森：《〈中国近代思想史的转型时代〉序》，王汎森等著《中国近代思想史的转型时代——张灏院士七秩祝寿论文集》。

纪中国学术从此进入了一个新的时代。[①]

为何将下限定在 1927 年而不是 1925 年呢？除了这一年南京国民政府成立，形式上统一了四分五裂的中国，此后主要是国共两党之争；还有一点很重要，那就是尊重五四新文化人的自我体认。当初商谈如何选编《中国新文学大系》时，有过一番讨论，最后确定的时段是 1917—1927 年。这"伟大的十年间"，他们站在舞台的中心，是当之无愧的主角；以后就不一样了，不仅"《新青年》的团体散掉了"[②]，而且被"一挤挤成了三代以上的古人"[③]。

之所以强调尊重五四新文化人的自我体认，那是因为，在我看来，从古典中国到现代中国的转型，是由"两代人的合力"促成的。引入"代"的概念，是本论述得以展开的关键。

据冯雪峰追忆，在 1936 年 6 月大病前后，鲁迅多次谈及撰写知识分子题材长篇小说的设想：

> 有一天，我们谈着，我说鲁迅先生深知四代的知识份子，一代是章太炎先生他们；其次是鲁迅先生自己的一代；第三，是相当于例如瞿秋白等人的一代；最后就是现在为我们似的这类年龄的青年……他当时说，"倘要写，关于知识份

---

① 参见陈平原《中国现代学术之建立——以章太炎、胡适之为中心》第6—8页。

② 参见鲁迅《〈自选集〉自序》，《鲁迅全集》第 4 卷第 456 页。

③ 《中国新文学大系》各卷编者中，有好几位引述这句话；原话不是刘半农说的，是他在编《初期白话诗稿》时，转引陈衡哲的感叹。参见陈平原《在"文学史著"与"出版工程"之间——〈中国新文学大系导言集〉导读》。

子我是可以写的……而且我不写，关于前两代恐怕将来也没
有人能写了。"[①]

此处引证的重点，不在长篇小说如何结构，而是知识分子怎样分
代。章太炎属于晚清一代，鲁迅本人是五四一代，这都没有疑
问；有疑问的是瞿秋白（1899—1935）与冯雪峰（1903—1976）到底算一
代还是两代。因与本文主旨无关，可以按下不表。

1970 年代末，也就是改革开放初期，李泽厚的《中国近代思
想史论》风靡整个中国学界，书中曾引述鲁迅的四代知识分子说，
然后加以引申发挥：

> 总之，辛亥的一代，五四的一代，大革命的一代，"三八
> 式"的一代。如果再加上解放的一代（四十年代后期和五十年代）
> 和文化大革命红卫兵的一代，是迄今中国革命中的六代知识
> 分子（第七代将是一个全新的历史时期）。每一代都各有其时代所赋
> 予的特点和风貌，教养和精神，优点和局限。[②]

李著的具体论述，受那个时代意识形态的制约，如采用政治事件
命名，且声明"工农出身的知识分子未计在内"[③]，但当时确实
让人耳目一新。八年后刊行的《中国现代思想史论》，依旧持六代

---

① 参见雪峰《鲁迅先生计划而未完成的著作》，《鲁迅论及其他》第 28—29 页，桂林：
充实社，1940 年。

② 李泽厚：《中国近代思想史论》第 470 页，北京：人民出版社，1979 年。

③ 参见李泽厚《中国近代思想史论》第 471 页。

说；而在论及第二代与第三代知识分子的差异时，有一段精彩的描述：

> 　　冯友兰虽然只比梁漱溟小两岁，却是梁的学生辈。就整个中国近现代思想逻辑的六代说，他属于第三代。这一代知识分子的有成就者，大抵是在一些具体专业领域（政治、军事、学术……）开创一些具体的范式，它与第二代的范式不同，它们更为科学、更为实证、更为专门化，而不像上一代那样，虽清晰、开阔、活泼却模糊、笼统、空泛。这也是瞿秋白、毛泽东、冯友兰、陈寅恪、顾颉刚等人不同于李大钊、陈独秀、胡适、梁漱溟、钱玄同等人所在。[1]

在此书的"后记"中，李泽厚提及这本书原本打算讲中国近现代六代知识分子的，可惜最后只是擦了个边，没能真正涉足。

　　关于"代"的概念，李泽厚明显倾向于社会学的立场："'代'的研究注意于这些'在成年时（大约17—25岁）具有共同社会经验的人'在行为习惯、思维模式、情感态度、人生观念、价值尺度、道德标准……等各方面具有的历史性格。"[2] 而在我看来，除了共同的成长经验，更重要的是表演舞台。有才华者，不见得有好的机遇；同台表演的共同记忆，不仅日后津津乐道，更是重要的象征资本。

---

① 李泽厚：《中国现代思想史论》第 300 页，北京：东方出版社，1987 年。

② 李泽厚：《中国现代思想史论》第 343 页。

历史学家眼中的"代"，与社会学家眼中的"代"，很可能颇有出入。在前者看来，"这种有独立历史品格的'代'的形成，不完全依赖生理的年龄组合以及生物的自然演进，更注重知识结构与表演舞台，因而，有提前崛起的，也有延迟退休的"。而思想史、文学史、学术史上"代"的更迭，不仅仅是换了一批新面孔，而很可能是意味着审美趣味、学术思路以及研究模式的转移。"随着有共同生活感受和学术训练的新一代学人的崛起，学术界很可能'焕然一新'。这里的'新'与'旧'，只是现象描述，并非价值评判。"①相对于此前此后的各代，晚清及五四这两代人，均生活在"西学东渐"与"古学复兴"的巨大张力中，经由一番艰难且痛苦的探索，终于闯出一条新路来，在思想、文学、学术等方面，基本完成了从古典中国向现代中国的过渡。

从近处看，他们每个人都不一样，有时还争得死去活来；可拉开距离，在三五百年的视野里，他们之间的差异性，远不如共同性大。绝对的保守与革命、国粹与西学、承继与断裂，其实不是很多；大部分情况下是偏向某一方面，且经常因时因地调整立场。有观念的差异，有策略的不同，但更多的是受个人处境与才情以及时势的压迫而"与时俱进"。在晚清是激进的，到了五四时期，很可能转为保守（如林纾）；当然，也有反其道而行之的（如钱玄同）。至于政治与学术、公德与私德、文章与经世之间的缝隙，那就更加比比皆是了。在谈及梁启超与革命派的论战时，张灏称：

---

① 参见陈平原《四代人的文学史研究图景》，《北京大学学报（哲学社会科学版）》1997 年第 4 期。

虽然梁与他的主要反对者革命派在广泛的思想意识问题上存在分歧，但仔细考察两派的文章可以发现，就基本价值观来说，他们的一致性远胜于他们的分歧。①

因是早期著述，张灏在接下来讨论梁启超与五四一代的同异时，还是希望划清界限。可言语之间，你能明显感觉到作者的"迟疑不决"。晚清与五四，这两代人在政治理念、人格理想、知识类型以及审美趣味方面虽有很大差异，但基本上是走在同一条大路上，且不知不觉中"合力"做成了一件大事，那就是古典中国向现代中国的转型。

晚清与五四这两代人，只要参与维新或革新事业的，多少都有"接力"的关系。这里所说的"接力"，包括人际关系、学术传统、文化思潮、政治议题等。越是进入具体领域，"承前启后"的痕迹就越明显。你可以强调"承继"，可以渲染"对话"，也可以突出"逆转"与"反叛"，但史料摆在那里，谈五四无论如何不能绕过晚清。

在沟通中外、徘徊古今、穿越文白、兼擅文章与学术这几个方面，晚清与五四这两代人有很多共同记忆，只是立场与策略不太一样而已。当初论战时争得你死我活，但无论胜败正反，都参与到这场历史大剧的制作中。这就好像一部多幕剧，开场时登台亮相的，说不定中间就退场了；第一幕跑龙套的，也可能第二、

---

① 张灏著、崔志海等译：《梁启超与中国思想的过渡（1890—1907）》第212页。

第三幕变成了主角。至于谁唱到最后，不等于谁就是最大的赢家。谢幕时出来领受掌声的，应该是全体演员，而不仅仅是主角或最后一位演唱者。

谈及"新文化"如何"运动"，不仅必须在激进与保守之间保持某种平衡，重新审视五四时期林纾、章士钊、吴宓、梅光迪等人的"反动言论"；而且必须努力平视晚清与五四，而非站在五四的立场来选择性地溯源晚清。承认两代人各有特点，也各有魅力与局限，其"共同的合力"促成了思想史、文学史或学术史上的大转型，这样来阐述"运动"的酝酿与展开、转折与推进，会有更加精彩的呈现。

不是每代人都有机会"创造历史"，能在"三千年未有之大变局"的舞台上出演，不管是主角还是配角、是站在聚光灯下还是处于舞台边缘，都是幸福的。那是一个政治上剧烈动荡、文化上生气淋漓的时代。那两代人的挣扎与痛苦、追求与失落、思考与前瞻，都是此前此后的读书人所难以企及的。引入"两代人的合力"，平视五四与晚清，在辨析时代主潮的同时，发掘问题的丰富性与复杂样，是为了以更加开阔的视野与更加坦荡的襟怀，来直面诸多"未完成"的时代话题。

2015 年 9 月 13 日于京西圆明园花园

（初刊《中国文化》2015 年秋季号）

何为/何谓"成功"的文化断裂

——重新审读五四新文化运动

一

晚清以降，中国人面临"三千年未有之大变局"，先知先觉者多持"变革"态度。只是到底采取何种策略，是"破旧立新"，还是"立新"而不"破旧"，所谓激进与保守之争，关键在这。最近十年，随着"国学热"以及文化保守主义思潮的兴起，如何评价五四，成了论争的焦点——誉者认为此乃"创造性转化"，开启了20世纪中国政治、思想、文化、文学的新纪元，没有五四，就没有今日中国的崛起；毁者则将其与灾难性的"无产阶级文化大革命"相提并论，称其全盘西化的主张，以及对传统中国毫不留情的抨击，导致了鲁迅所讥笑的"革命，革革命，革革革命，革革……"[①]的激进主义思潮泛滥。如何理解20世纪中国诸多波澜壮阔的大转折，与怎样阐释五四新文化，二者密不可分。

在我看来，历史从来都是蕴含着"演进"与"嬗变"、"延续"

---

① 鲁迅：《而已集·小杂感》，《鲁迅全集》第3卷第532页，北京：人民文学出版社，1981年。

与"转型"之互相缠绕，而并非朝着某一既定目标高歌猛进。有矛盾、有争斗、有旋涡、有断裂，这都很正常；要不，总是"一团和气"，这世界也太安静太没趣了。与过去对于"革命"的盲目崇拜相反，今日中国，刻意讲求"和谐之美"，"断裂"云云因而也就成了洪水猛兽、万恶之源。大众传媒上，除了表彰太平盛世之"莺歌燕舞"，再就是对于曾经有过的"文化断裂"的一致谴责。

想象人类的天空"万里无云"，从未"阴霾密布"或"电闪雷鸣"，实在过于理想化了。阴晴无定、风雨交加，那就是正常的世界。而且，无论阴、晴、风、雨、雷、电，都有不可抹杀的历史价值。今日被大众传媒妖魔化了的"文化断裂"，作为"连续性"或"文化保守"的对立面，乃历史进程的有机组成部分。大至人类文明的足迹，小到现代中国的进程，都是在变革与保守、连续与断裂、蜕化与革新的对峙、抗争与挣扎中，艰难前行。正因此，所谓"文化断裂"，并非善恶美丑的价值判断，而只是一种历史描述，即社会生活、思想道德、文学艺术等处在一种激烈动荡的状态——既可能从此了无牵挂掉头东去，也可能藕断丝连此恨绵绵，还可能"抽刀断水水更流"。

在我看来，不仅五四（我不主张将其局限在 1919 年的学生运动，而希望兼及 1915—1922 年间在神州大地渐次展开的文学革命、思想革命与政治革命，那方才是"五四新文化"最为迷人之处），戊戌变法（1898）、废除科举（1905）、辛亥革命（1911）、全面抗战（1937—1945）、中华人民共和国成立（1949）、反右运动（1957）、十年"文革"（1966—1976）等，都呈现某种"文化断裂"状态。今人之隆重纪念"改革开放三十周年"，不也是意识到其对于此前历史／文化的"破坏"与"中断"？

讨论"文化断裂"，我加了个定语"'成功'的"，言下之意，有不成功或曰失败的"文化断裂"。之所以在"成功"上加了引号，意思是这"成功"并非不言而喻，极有可能饱含争议。至于"何谓"，指向公众认可的、一般意义上的"成功"；而"何为"则是我心目中的、理想状态的"文化断裂"。

二

与其争论五四是不是"文化断裂"，不如转而讨论五四这一"断裂"是否成功，该如何阐释其起因、动力、方向以及后续效应。探讨这个问题，必须明了以下三个前提：

第一，五四新文化内部的复杂性，远非教科书的简要叙述所能涵盖。当年北大学生、日后成为著名学者的俞平伯，1979 年撰《"五四"六十周年纪念忆往事十章》，其中有云："同学少年多好事，一班刊物竞成三。"自注："先是北大中国文学门班中同学主持期刊凡三，《新潮》为其之一"。[①]除了以"文艺复兴"相号召的《新潮》，还有就是主张"昌明中国固有之学术"的《国故》，以及提倡"新旧学说并行、东西文化并重"的《国民》。一班同学尚有如此分歧，想象五四新文化运动"铁板一块"，那是很不现实的。今日学界之所以对新文化内部之"多元并存"缺乏了解与认知，很大程度缘

---

① 俞平伯：《"五四"六十周年纪念忆往事十章》，《战地》增刊第 3 期，1979 年 5 月。

于长期以来的意识形态宣传以及历史学家的误导。

第二，经过几十年持续不断的"纪念"，今人对于五四新文化运动巨大声势的描述，颇有夸张之嫌。所谓五四的"文化断裂"，应是对于一种发展趋势的动态描述，而不是已然形成的生存状态——不说具体人物，单是都市与乡村、沿海与内陆之间的绝大差异，也使得民国政治思想史上的"保守势力"，仍有很大的活动空间及影响力。所谓"全盘西化"的主张、"礼教吃人"的控诉、"打倒孔家店"的口号，在1920年代的中国，只是对于知识青年有较大的感召力。也就是说，五四的精神遗产，很长时间里并没有深入广袤的乡村与小镇。这只不过是"死水微澜"（借用李劼人长篇小说名字），预示着古老中国的初步觉醒。如果嫌小说家言"夸饰"，学者论述"趋时"，不妨翻翻当年的旧报纸，很容易明白这一点。

第三，所有成功的变革，都不会是"温文尔雅"；即便你信誓旦旦追求"和平崛起"，也因打破原有的利益格局，而必然招致激烈的抵抗。人们注意到新文化人的"偏执"与"不宽容"，其实对手也好不到哪里去。新旧之间，之所以无法平心静气地坐下来，条分缕析地讨论问题，有立场差异，有利益纠葛，有占位意识，还有论争的策略。刘师培自称"激烈派第一人"，坚信只有"达于极点的议论"才能有效果[1]；鲁迅则有拆屋子的妙喻："中国人的性情是总喜欢调和，折中的。譬如你说，这屋子太暗，须在这里开一个窗，大家一定不允许的。但如果你主张拆掉屋顶，他们

---

[1]　刘师培：《论激烈的效果》，李妙根编《刘师培论学论政》第337页，上海：复旦大学出版社，1990年。

就会来调和，愿意开窗了。没有更激烈的主张，他们总连平和的改革也不肯行。"[①] 某种意义上，晚清以降诸多改革者之所以采取"决裂"姿态，也是基于这一策略性的考量。

三

为何称五四新文化运动乃成功的"文化断裂"，基于以下理由：

第一，成功的"文化断裂"，不可能仅局限在文化层面，必定牵涉甚广，尤其是制度性变迁。五四新文化运动有很多激动人心的口号，但最为成功之处是以白话取代文言，由此而文学革命、思想革命乃至政治革命。从具体而微的"文学形式"入手，逐渐推衍到构建完整的"意识形态"，完成对于"帝制"的彻底埋葬。胡适感慨"'五四运动'是一场不幸的政治干扰"，使得中国人的"文艺复兴"半途而废[②]，这一思路并不可取。正是因为五四最终走出了纯粹的"思想实验室"，介入实际政治运作乃至社会变革，才有日后的辉煌。比起抗日战争之侧重军事、废除科举之强调教育，五四的大河奔流、泥沙俱下，因"不纯粹"而难以"一言以蔽之"，正是其值得再三评说之处。

第二，成功的"文化断裂"，不仅有激动人心的口号，更需要

---

① 鲁迅：《三闲集·无声的中国》，《鲁迅全集》第4卷第13—14页。

② 参见唐德刚译《胡适口述自传》第九章"'五四运动'——一场不幸的政治干扰"，北京：华文出版社，1992年。

实际业绩。与前人"决裂",并非越彻底越好,史家更看重的是有无"硕果累累"。"决裂"的姿态固然必须关注,更值得辨析的是"决裂"的后果——到底给历史留下了什么?谈论历史事件或人物,关键看"建树"而不是"旗帜",就好像讨论报刊,"发刊词"固然值得参考,更重要的是有无大作"经世"或"传世"。若"德先生""赛先生""白话文""反传统""整理国故"等,每个词都有待推敲,可又都是巨大的存在,至今仍影响着我们的思考与表述。五四新文化人深谙其中奥秘,除了不断呼唤"杰作",更落实为《中国新文学大系》等的编纂。[①]历史上很少有这样的机遇,当事人自己给自己写史,而且几乎一锤定音。无论是文学创作、学术研究还是制度建设,五四新文化人的贡献,全都可圈可点——尤其相对于旗帜显赫但虎头蛇尾的辛亥革命,或者名实根本就相违的"文化大革命"。也正因此,在 20 世纪中国,五四新文化运动长期立于不败之地,既婉拒不虞之誉,也谢绝不白之冤。

第三,成功的"文化断裂",必定是断裂中包含某种连续性。关于这个问题,不妨借用周作人对现代散文的论述:"现代的散文好像是一条湮没在沙土下的河水,多少年后又在下流被掘了出来;这是一条古河,却又是新的。"[②]既不是全然的新,也不是纯粹的旧,而是新中有旧,断裂中隐含着某种连续性。即便以反传统著称的五四新文化运动,压抑儒家,但突出了道家和墨家;批

---

① 参见陈平原《在"文学史著"与"出版工程"之间——〈中国新文学大系导言集〉导读》,《现代中国》第 15 辑,北京:北京大学出版社,2014 年 7 月。

② 周作人:《〈杂拌儿〉跋》,《永日集》第 75—76 页,长沙:岳麓书社,1988 年。

判诗文，可着意表彰小说和戏剧；鄙视文人大传统，转而发掘民间小传统。中国文化的底色仍在，只不过换了个角度观赏，会有绝然不同的感受。你可以说这种视角转移得益于"西学东渐"，但不能无视传统内部变革的内驱力。猛然看去，似乎是平地起风雷；拉长历史视野，实则自有其合理性。所谓"断裂"与"连续"，某种意义上是"短时段"与"长时段"观察角度的差异。依我的观察，漫长的中国史上，以文化而论，虽有过非常惨烈的困厄与震荡，但从未有一刀两断的隔绝。当然，不仅有远看近看的差异，你还可以上看下看、里看外看，借变换角度，理解"断裂"与"连续"之间的辩证关系。

第四，成功的"文化断裂"，既非全盘西化，也不是固守传统。1902年，流亡政治家梁启超称"二十世纪，则两文明结婚之时代也。……彼西方美人，必能为我家育宁馨儿以亢我宗也"[1]；1907年，留日学生鲁迅力主"外之既不后于世界之思潮，内之仍弗失固有之血脉，取今复古，别立新宗"[2]；1930年代，史学家陈寅恪撰《冯友兰中国哲学史下册审查报告》，肯定"其真能于思想上自成系统，有所创获者，必须一方面吸收输入外来之学说，一方面不忘本来民族之地位"[3]；1940年代，哲学家贺麟作《五伦观念的新检讨》，认为："我们要从检讨这旧的传统观念里，去发现

---

① 梁启超：《论中国学术思想变迁之大势》，夏晓虹编校《中国现代学术经典·梁启超卷》第6页，石家庄：河北教育出版社，1996年。

② 鲁迅：《坟·文化偏至论》，《鲁迅全集》第1卷第56页。

③ 陈寅恪：《冯友兰中国哲学史下册审查报告》，《金明馆丛稿二编》第252页，上海：上海古籍出版社，1980年。

最新的近代精神。从旧的里面去发现新的，这就叫作推陈出新。必定要旧中之新，有历史有渊源的新，才是真正的新。"[①]上述四人，政治立场及学术领域相差甚远，但兼采东西、融会新旧的大思路相通。五四新文化运动中，虽有个别偏激言论（如钱玄同之主张废除汉字、鲁迅的提倡"少读或不读中国书"），但大致路径仍是融会贯通。

第五，成功的"文化断裂"，必须兼及突破的勇气以及弥合裂缝的自觉。五四新文化人与传统决裂的姿态广为人知，可在实际操作中，则是海纳百川，吸取了晚清诸多改革的主张，并将其进一步明确与深化。正是这一"成功的收编"，使其有可能借助积淀了半个世纪的变革动力，造成如此风云激荡的局面。五四新文化的主张，大都不是首创，可时代氛围以及理论自觉，使其显得格外突兀伟岸。我之再三陈述晚清与五四两代人的"合力"，正是基于这一设想。另外，五四新文化人擅长自我纠偏，及时缝合裂缝，如胡适的主张"整理国故"以及撰写《白话文学史》、周作人的提倡"有雅致的俗语文"以及撰写《中国新文学的源流》，都是对于白话文运动的调整与重塑。

第六，成功的"文化断裂"，当事人必须掌握话语权，故能自我经典化。1905年清廷决定废除科举，此举对于中国政治思想走向的深刻影响，几乎是在百年后才为学界认知；当初只有极少数人（如严复、章太炎）稍有意识，但也未能展开深入的论述。五四运动则截然相反，尘埃还没真正落定，已经有了神圣的"命名"。

[①] 贺麟：《五伦观念的新检讨》，《文化与人生》第51页，北京：商务印书馆，1988年。

1919 年 5 月 26 日《每周评论》上刊出罗家伦以"毅"为笔名撰写的《"五四运动"的精神》。此后，新文化人利用其掌握的报刊、学校以及教科书等，连篇累牍地对五四进行追怀、纪念与阐释。如此迅速地自我经典化，这样的机遇，实在是千载难逢。从 1960 年周策纵的《五四运动史》（*The May Fourth Movement: Intellectual Revolution in Modern China*），到 1990 年舒衡哲出版的 *The Chinese Enlightenment: Intellectuals and the Legacy of the May Fourth Movement of 1919*，再到 2001 年刊行米列娜（Milena Doleželová-Velingerová）等编辑的 *The Appropriation of Cultural Capital: China's May Fourth Project*，论者都注意到半个多世纪以来各党派对于五四运动阐释权的争夺，与一时代的意识形态建构纠合在一起。这么说，并非将五四新文化运动的伟业，完全归结为当事人的"自我建构"，进而泯灭是非功过；而只是提醒读者，这一经典化过程之所以如此神速，其中蕴涵着权力与计谋。

第七，成功的"文化断裂"，往往成为极具挑战性的话题，引来不断的言说。当初剑拔弩张的对立双方，都以自己特有的立场、语调与努力，介入这一影响深远的历史事件中。倘若没有像样的反对派，你不能想象这场思想运动如此深入展开。就像余英时说的，"愈来愈有必要在陈独秀与鲁迅的激进主义和胡适的自由主义之外，将梅光迪和吴宓的文化保守主义，置于与五四新文化的同一的论述结构之中"①。而对于事件本身的追怀，无论是赞

---

① 余英时：《文艺复兴乎？启蒙运动乎？——一个史学家对五四运动的反思》，见余英时等著《五四新论：既非文艺复兴亦非启蒙运动》第 1—31 页，台北：联经出版事业公司，1999 年。

赏还是批判，都介入当下的思想文化进程，成了变革与创新的原动力。相对于那些被压抑或刻意回避的话题（如"反右运动"或"文化大革命"），五四实在是太幸运了，八十年间从未被世人遗忘，成为一代代人精神成长史上必不可少的对话目标。正是这一"思想操练"，使其得以"苟日新，日日新"。

毕竟，在古今对话与精神碰撞中，有可能孕育巨大的思想力量。后人即便对五四先贤有诸多责难，也不敢轻慢与其"对话"和"交锋"——其中隐含的理想与激情，促使你不断自我反省。当年如此，今天也不例外。

再过半年，就该纪念五四运动九十周年了，我们是否能有更为坦荡的胸襟、更为开阔的视野、更为深刻的反省以及更为精彩的言说？

2008 年 10 月 19 日初稿，10 月 28 日改定

（初刊 2008 年 11 月 14 日《南方都市报》）

互相包孕的"五四"与"新文化"

今年是五四运动一百周年，作为中国现代文学研究者，我当然乐于共襄盛举，先后参加了三个国际会议，撰写《危机时刻的阅读、思考与表述》《新文化运动中"偏师"的作用及价值》《从"触摸历史"到"思想操练"》等三篇文章，等到6月底中国人民大学组织会议，我已江郎才尽了。实在不好意思炒冷饭，只好谈些不成体统的随感。看了会议论文集，发现自己理解错了——早知道会议不只谈五四，还可以纵论百年中国文学与文化，那我本是可以提交专业论文的。

今天的发言，其实是想谈自己的困惑，即如何看待常被混用的"五四运动""新文化运动"以及"五四新文化运动"，这三个概念到底要不要区分，以及如何区分。先说大的方面，我不喜欢"五四新文化运动"这个词，因其表面上集大成，实则模糊了论述的焦点。我更愿意分疏"新文化运动"与"五四运动"，强调两者的边界，但又理解二者如何互相包孕。

先说这两个概念的产生——"五四运动"与"新文化运动"，前者乃自我命名，后者则拜论敌所赐。大家都熟悉五四运动命名的缘起——北大教授、教务长顾兆熊（孟余）在1919年5月9日《晨报》

率先刊出《一九一九年五月四日北京学生之示威活动与国民之精神的潮流》，接下来北大英文系学生罗家伦在 1919 年 5 月 26 日《每周评论》发表《"五四运动"的精神》，1919 年 5 月 27 日《时事新报》上又有张东荪的《"五四"精神之纵的持久性与横的扩张性》。一句话，五四运动或五四精神的"命名"，来自当事人或支持者。

至于"新文化运动"这个词，最初并非新文化人的创造。1920 年 4 月 1 日，陈独秀在《新青年》发表《新文化运动是什么?》，大意是，这个新词已经在社会上广泛流通了，但不是他发明的，他只是"赞成"而已。同年 9 月 17 日，胡适在北京大学开学典礼上演讲，也有类似的表述。对于那些最早使用"新文化运动"这个词的人，鲁迅明显不太信任。1926 年，鲁迅撰《写在〈坟〉后面》："记得初提倡白话的时候，是得到各方面剧烈的攻击的。后来白话渐渐通行了，势不可遏，有些人便一转而引为自己之功，美其名曰'新文化运动'。"只不过随着时间推移，曾经风起云涌的新社会、新青年、新思潮、新道德、新信仰、新思想、新学术、新文学等，被集约成了"新文化运动"，这虽非陈、胡等人的初衷，但既然已经流行开来，作为始倡者，你不认也得认。一开始还想保持"文化运动"的独立性，让其与"社会运动"分途发展，但很快证明行不通①。

文化运动与政治运动二者无法截然分开，但确实各有侧重，其发生及发展路径明显不同。就看你主要着眼哪一方面。在以前

---

① 参见陈平原《"新文化"如何"运动"——关于"两代人的合力"》，初刊《中国文化》2015 年秋季号。

的一系列论著中，我一直坚持平视晚清与五四，认定是晚清和五四两代学人的"共谋"，开创了中国现代文学／思想／学术的新天地。从《中国小说叙事模式的转变》(1988)、《中国现代学术之建立》(1998)、《触摸历史与进入五四》(2005)再到《作为一种思想操练的五四》(2018)，这个立场没有改变。这一思路背后，是淡化"事件"（如"戊戌变法"或"五四事件"）的戏剧性，凸显"进程"的漫长与曲折。谈论"转型时代"，本就倾向于中长时段研究，在几十年乃至数百年的视野中，分析中国思想或中国文学发展的大趋势。并且，不是千里走单骑，而是综合考量变革的诸多面向，如社会动荡、政治剧变、文化冲突、知识转型、思想启蒙、文学革命等。因此，不好简单地归功或归咎于某突发事件。这里的起承转合、得失利弊，不是三五天或一两年就能"水落石出"的。在这个意义上，"新文化运动"要大于"五四运动"。当然，这里说的是作为"历史事件"的五四。

我们可以在"新文化运动"的视野中谈论"五四"之长短，也可以用"五四运动"的标尺来审视"新文化"的得失。但我不同意以"五四运动"之名来彻底涵盖整个"新文化运动"，也不认同胡适充满书生气的假定。理由是，政治与文化及学术密不可分，传统中国强调"学为政本"，风起于青萍之末，"五四运动"确实可以看作"新文化运动"的自然延伸，但其中也有很大的偶然性。大转折时代本就充满变数，这正是其魅力所在，即蕴涵着无限的发展与变异的可能性。

在我看来，"五四运动"乃"新文化运动"进一步推进的诸多可能性之一，主要体现其政治理想与实践能力。至于晚清开始的一系列学术、思想、文学方面的变革，与1919年5月4日天安门前的政治抗争，在内在理路上，不能画等号。如果最大程度简化，取其旗帜与口号，前者是"民主"与"科学"，后者则是"国家"与"民众"，对内与对外、启蒙与救亡、思想与政治，决定了二者的行动宗旨与论述策略不同。但我承认，"五四运动"的巨大声势以及社会影响力，使得白话文运动或文学革命的成功大大提前。

作为史学命题，从清末一直到1920年代中期的"新文化运动"，犹如韩愈为代表的唐代古文运动，是可以相对封闭起来论述的。后者不仅仅是提倡古文、反对骈文，更牵涉思想道德与社会思潮。陈寅恪《论韩愈》称"退之者，唐代文化学术史上承先启后转旧为新关捩点之人物也"，其主要功绩表现为：第一，建立道统，证明传授之渊源；第二，直指人伦，扫除章句之繁琐；第三，排斥佛老，匡救政俗之弊害；第四，呵诋释迦，申明夷夏之大防；第五，改进文体，广收宣传之效应[1]。发生在一千多年后的新文化运动，当然面貌迥异，但同样可在思想文化层面归纳、总结、阐发。只是1927年国共分裂，此后政治斗争以及旗帜争夺的焦点在"五四"而非"新文化"。也就是说，作为运动的"新文化"，已功成名就，可以完美谢幕了。

长期以来，中国学界喜欢混用"五四运动"与"新文化运动"，可能有不得已的苦衷。有人思维本就跳跃，有人喜欢模糊操作，

---

[1] 陈寅恪：《论韩愈》，《历史研究》1954年第2期。

也有人明修栈道暗度陈仓，更有人拉大旗当虎皮。我的立场是：若谈论"新文化运动"，尽可能往上走，从晚清说起；若辨析"五四运动""五四精神"或"五四时代"，则最好往下延伸，仔细倾听那些遥远的回声。往前追溯，从晚清说起，主要是史学研究；往后延伸，牵涉整个 20 世纪，更侧重思想操练。或者说，谈论"小五四"（指作为历史事件的五四运动），重在考证与还原；研究"大五四"（指作为思想潮流的五四时代），关键在于阐释与介入。

这也是几年前我那则《整个 20 世纪都是五四的时代》的长篇对话所坚持的。强调必须不断与五四对话，从学问、道德到文章，但最为关键处的，还是思想与政治。在我看来，当下中国，"五四研究"的主要潜力及使命不在史学探索，而是思想操练——这既是其巨大优势，也很容易成为陷阱。

（2019 年 6 月 30 日在中国人民大学主办的"百年回顾：文化与文学"国际学术研讨会上的发言）（初刊 2019 年 7 月 31 日《中华读书报》）

五四的阐释和传播史

一百年间，五四从未被真正冷落过，更不要说遗忘了。我们不断地赋予它各种意义，那些汗牛充栋的言说，有些是深刻挖掘，有些是老调重弹，也有些是过度阐释。

- 波诡云谲的追忆、阐释与重构——解读五四言说史
- "少年意气"与"家国情怀"——北大学生之"五四记忆"
- 兼及"思想""文采"与"行动"

波诡云谲的追忆、阐释与重构

——解读五四言说史

　　史家大都注意到，半个多世纪以来，对于五四运动阐释权的争夺，与一时代的意识形态建构纠合在一起。面对如此波澜壮阔的"五四言说史"，需要很多精心的辑佚、钩沉与阐释。本文选择一个特殊的视角，借助若干重要报刊的纪念文字，呈现1949—1999年间，中国大陆关于五四的历史记忆，以及如何借谈论五四来因应时局变化，让史学论述与波诡云谲的政治风云纠合在一起，构成一道隐含丰富政治内涵的"文化景观"。值得注意的是，同样谈论五四，政治家、思想家、文学家、史学家等，各有各的立场，也各有各的声音，无法互相取代（比如我本人便格外关注文学家五彩缤纷的往事追忆）。只不过在我设计的论述框架中，政治家的"意愿"起主导性作用——而实际上，在中国大陆的公开出版物中，很长时间里，确实如此。

　　我选择了以下四种报刊——《人民日报》《光明日报》《中国青年》和《文艺报》，观察其在五四运动三十周年、四十周年、五十周年、六十周年、七十周年以及八十周年时的表现。其中第一种最为关键，第二种次之，第三、四种"文革"十年停刊，复刊后声威今非昔比。

在正式论述前，略为介绍这四种报刊。《人民日报》：中国共产党中央委员会机关报。1948 年 6 月 15 日由《晋察冀日报》和晋冀鲁豫《人民日报》合并而成，在河北省平山县里庄创刊，毛泽东题写报头。1949 年 8 月 1 日，被确定为中国共产党中央委员会机关报。《光明日报》：创刊于 1949 年 6 月 16 日。初由中国民主同盟主办，1953 年起由中国各民主党派及全国工商联合办；1957 年改由中共中央宣传部和中共中央统战部领导；1994 年改为由中宣部代管。主办者及隶属关系屡次更改，但以知识分子为主要读者这一初衷，大体没有改变。《中国青年》：共青团中央机关刊，创刊于 1923 年 10 月。历经诸多挫折，1948 年复刊。"文化大革命"前，在青年读者中影响极大。1966 年 8 月停刊，1979 年 9 月重新与读者见面。现为半月刊，共青团中央主办，目标读者为"中国青年"。《文艺报》：中国作家协会主办，1949 年 9 月 25 日创刊，时而半月刊，时而周报。本是一份探讨文艺理论与文学创作的评论性刊物，却因 20 世纪五六十年代中国的特殊情况，文坛紧紧连着政坛，杂志因而变得特别重要。1966 年停刊，1978 年 7 月复刊；进入新时期后，随着"文艺斗争"不再是整个社会关注的焦点，其重要性大为降低。

以下就用素描的办法，勾勒几十年间中国大陆"五四言说"的概貌。

1949 年，关键词：革命路线

1949 年 5 月 4 日的《人民日报》，第一、二版刊登了陈伯达的重头文章《五四运动与知识分子的道路》。在大军南下势如破竹的诸多“战报”中，夹杂如此长篇大论，显得非同一般。以五四作为新、旧民主主义革命的分界，突出马克思主义思潮传入中国的意义，强调知识分子与工人阶级相结合，批判“五四运动中以编辑《新青年》杂志而著名的陈独秀”，还有“曾经在革命队伍中混过若干日子的张国焘”，当然也不忘扫荡一下宣传“实验主义”的胡适和介绍“柏格森哲学”的张君劢等。何为毛泽东主导的正确路线，这是革命成功后历史书写最为重要的一环。但这个问题

《人民日报》1949 年 5 月 4 日

的主要症结，在延安整风运动中便解决了。陈文不过是根据毛泽东的若干论述，略加阐释而已。

当日的《人民日报》第四版，乃"五四运动三十周年纪念特刊"，打头的是《毛泽东同志论"五四运动"》，收《新民主主义论》语录三段，《反对党八股》语录一段，编者加了按语："'五四'运动到现在三十周年了，我们怎样认识这个运动的性质，估价其历史意义和影响，今后如何承继并发扬'五四'运动中的光荣传统，争取中国人民解放事业最后的与彻底的胜利，——所有这些，在中国人民伟大领袖毛泽东关于'五四'运动的言论中都有过英明的指示。为了纪念'五四'运动三十周年，特将这些言论汇集陆续发表以供学习、研究。"以"伟大领袖""英明的指示"为准绳，是以后半个世纪中国大陆"五四言说"的一大特色。不过，这回毛主席语录还只是作为"纪念特刊"的"引言"，而且放在第四版，与日后置于报头的"最高指示"相比，还是有很大区别的。

这一版的主打文章，是得到毛泽东高度赞誉的革命老人吴玉章的《纪念"五四"运动三十周年应有的认识》，文章开篇就是："今年纪念五四的特点，是人民解放军获得伟大胜利，南京已经解放，南京国民党反动政权已经宣告灭亡，革命很快就要得到全国范围的胜利。"文章的主要功能在表彰毛主席革命路线，批判改良主义，包括自由主义、中间路线等。有趣的是，这一版的下方有好几则广告，其中数"春兴酒庄"的最为精彩："春兴酒庄，庆祝五一！庆祝五四！本庄一周年纪念。酬谢各界劳动英雄，特将本庄储存之绍兴酒半价廉售一周。"

5月4日《人民日报》第三版有作为"参考资料"的《五四运动介绍》,第六版则是诸多名人文章,包括俞平伯的《回顾与前瞻》、叶圣陶的《不断的进步》、宋云彬的《从"五四"看知识分子》、何家槐的《唯一的真理》、王亚平的《"五四"哺育了我》、臧克家的《会师》。此外还有柏生的《几个"五四"时代的人物访问记》,分别采访了原北京高师学生、时任华北人民政府检察院副院长于力,原北大哲学系教授、时任中国民主促进会常务理事马叙伦,原北大学生、时任中国国民党三民主义同志联合会常务委员谭平山,原清华学生、时任北大政治系教授钱端升,原北大学生、时任北大中文系教授杨振声,原北大学生、时任北大中文系教授俞平伯,原北大学生、时任北大中文系教授罗常培等,文章最后写到,"记者又访问了北大法学院教授周炳琳"。周与国民政府关系密切,1949年春拒绝飞往南京,属于统战对象。

采访记中,专门提及俞平伯如何撰文纪念五四,此即该版第一篇文章《回顾与前瞻》。俞平伯自称"不过一名马前小卒,实在不配谈这光荣的故事";只是因进入新社会,作为五四老人,非表态不可。俞是真心实意说好话,但性格使然,调门不太高,适可而止:"'五四'当时气势虽然蓬勃,但不久内部在思想上起了分化作用,外面又遭逢反动残余势力的压迫,这些人们虽然想做,要做,预备做,却一直没有认真干(当然在某一意义上亦已做了一部分),现在被中共同志们艰苦卓绝地给做成了。"照俞平伯的理解,这好比是三十年前的支票,如今总算兑现了。不过,下面还有一句:"但我信五四的根本精神以至口号标语等原都很正确的,至少

《中国青年》1949 年第 7 期

在那时候是这样。"这种"五四论述"，与毛泽东最为倚重的笔杆子陈伯达的宏文，有很大的距离。1936 年与张申府合作，努力推动"新启蒙"的陈伯达，原本对胡适等五四新文化人充满敬意；不过此番重回北平，已非吴下阿蒙，自然可以板起面孔训斥陈独秀、胡适等。

与《人民日报》相比，1949 年 5 月 4 日出版的《中国青年》（1949 年第 7 期），又是另一番景色。重刊毛泽东 1939 年文章，题为《在延安五四运动二十周年纪念大会的演讲》（此文原刊延安《中国青年》第 1 卷第 3 期）；与之配合的，是毛泽东的另一重要笔杆子田家英的《五四与今天》。田文不若陈文气势磅礴，提及"五四以后，在中国，曾经存在着对于知识分子的两种方针，一种是中国共产党的，一种是国民党反动派的"，也未能真正展开。文章的最后是口号："纪念五四运动的三十周年，要在毛泽东为人民服务的伟大旗帜下，继续历史的事业前进！"倒是邓颖超的《五四运动的回忆》值得一读。此乃讲述而非撰著，重点在天津而非北京，这两点，都对日后的五四老人

"口述史"起了引领作用。

1959 年，关键词：思想改造

1959 年 5 月 4 日的《人民日报》，头版头条是《首都盛大集会纪念"五四"四十周年》，至于副题，很复杂，也很有趣。上面是："四十年前，我们的国家处在内忧外患民不聊生山河破碎的黑暗时期；今天，我们的社会主义祖国正像初升的太阳出现在东方的地平线上"；下面是："郭沫若、康生、胡耀邦等讲话号召发扬革命传统，从胜利走向更大胜利；三万多人振臂高呼：反对干涉中国内政，维护祖国统一和领土完整。"再看看与之配合的社论《发扬光荣传统，建设伟大祖国——纪念"五四"运动四十周年》，着重强调的是："西藏是中国领土不可分割的一部分，平定西藏叛乱是中国的内政，绝对不容许任何外国人的干涉。纪念'五四'运动四十周年，全国青年应当继承和发扬反对帝国主义的光荣传统，同全国人民团结一致，彻底平息西藏上层反动集团的叛乱，粉碎帝国主义和印度反动派干涉我国内政、支持叛乱分子、破坏我国统一的阴谋。"

当日的《人民日报》第一版，上半截是新华社关于纪念集会的通稿，下半截左边是《人民日报》社论，右边是三篇报道：一是人民解放军协助山南藏胞及时抢耕抢种，山南军管会宣布谁种谁收；二是山南藏胞大力支援平叛大军；三是班禅访问国防部和总参谋部，听取关于迅速平定西藏叛乱的战斗情况介绍。可见，

1959 年的"五四纪念"，基调在爱国主义，重点在宣传"平叛"。

当日《人民日报》的第二版，更是主打西藏牌：《天山南北燃怒火，东南沿海卷狂涛——全国人民痛斥外国干涉者》《西藏人民谴责帝国主义和印度野心家——西藏是强大祖国的一部分，绝对不准任何外国人干涉》；至于第三版发表郭沫若讲话《发扬反帝反封建的"五四"精神》、康生讲话《高举马克思列宁主义的红旗前进》、胡耀邦讲话《中国人民有力量维护祖国的统一》，表面上各有分工，可最后都落实为发扬爱国主义精神、坚决平定西藏叛乱。在如此"时代最强音"的映衬下，那些谈文论艺的，显得格外的苍白无力。第七版发表邵荃麟《"五四"文学的发展道路》，那是《人民文学》5 月号上《关于"五四"文学的历史评价问题》第二部分。第八版萧三诗《"五四"四十周年有感》、高士其诗《伟大的"五四"》、曹靖华文《片言只语话当年——关于李大钊同志和瞿秋白同志的故事》，基本上是应景文章。

有趣的是第八版下幅的广告：新华书店的"纪念五四运动四十周年"专栏，介绍了人民出版社的《李大钊选集》《五四时期期刊介绍》，中华书局的《蔡元培选集》《五四运动回忆录》，还有就是三联书店的《胡适思想批判论文选集》，后者的说明文字如下："这是从 1955 年三联书店出版的《胡适思想批判》（共八辑）及 1956 年各期刊、学报中继续发表的批判胡适的文章中选编的一本论文集。"接下来是人民文学出版社的广告，左边是"为纪念五四运动四十周年，我社特编印下列作家选集"，鲁迅打头，赵树理收尾，共 26 种；右边是新书预告《胡适思想批判资料选辑》，附有解说文字："今年是五四运动四十周年，为了发扬'五四'革命精神，继承'五四'战斗传统，我们特开始编印'现代文学论争资料丛书'，陆续出版。这本书，就是丛书之一，由北京大学中文系现代文学组编选，所收资料，都是有关批判胡适的反动文学思想、文学史观点，以及对他有关中国古典文学研究方面的批判文章。编末附有部分反面资料，以供读者参考。"为何纪念五四的同时，必须突出"批胡"，就因为这是"知识分子思想改造"的重要一环。

1959 年 5 月 4 日的《光明日报》，头版头条《首都盛大集会隆重纪念五四运动四十周年》，发的是新华社通稿，只是副题略有变化。第二版是社论《知识分子前进的道路》，因读者主要是知识分子，按照报纸分工，便着重强调："知识分子的改造是一个脱胎换骨的过程，把资产阶级的尾巴割净必须经过痛苦的长时期的自我斗争。"关于知识分子在思想改造运动中如何"割尾巴"，其尴尬与痛苦，杨绛的长篇小说《洗澡》有精彩的描写，值得参阅。

相对于中共中央机关报，《光明日报》还是比较关注"学术"和"文化"的。5 月 3 日的《光明日报》第五版，以《纪念"五四"，促进社会科学的理论研究，首都学术界广泛展开学术活动》为题，分别介绍了在京各学术团体、研究机关和高等学校如何召开学术报告会与讨论会。以北京大学为例：中文系举行"现实主义问题"讨论会，兼及对于陶渊明、王维的评价；历史系主任翦伯赞谈历史研究中如何处理古与今、人与物、正面与反面、史料和史观等问题；哲学系任继愈等人合写《批判胡适对中国哲学史的研究》、老教授冯友兰则撰成《四十年回顾》一文，叙述自己从五四运动到现在哲学思想的变迁。接下来，着重推荐的是邓广铭的论文《胡适在五四运动中究竟起什么作用》，强调胡的言论主张及所作所为与五四运动的发展方向背道而驰。

5 月 4 日《光明日报》第三版上的《继承和发扬"五四"光荣传统——首都高校开展各种庆祝活动，天津各界人民集会纪念》，特别提及"北大东语系学生集体创作的以 1919 年 5 月 4 日火烧赵家楼的历史事实为背景的活报剧《火烧赵家楼》，也在全校文娱演出晚会上正式演出"。第五版则是北师大部分教师合写的《"问题与主义"的论战——"五四"时期马克思主义与反马克思主义思潮的最早的一次斗争》，以及五四时被捕的北京高师学生杨明轩的回忆文章《在"五四"的日子里》(此文有史料价值，语气也较好)。第六版《"五四"的光辉》包含众多图像，其中有吴作人画的《"新青年"时代的鲁迅先生和李大钊同志》，一称先生，一为同志，还是有区别的；但为何鲁迅画正面，中国共产党的创始人李大钊反而是侧面，那是因为，毛泽东曾称鲁迅是"现代中国的圣人"。两位都是五四先驱，但到目前为止，没有材料证明他们如画面所描述的，在一起切磋学问、讨论文稿。

《中国青年》1959 年第 7 期(4月1日)上刊出了共青团中央宣传部的《发扬"五四"革命精神，为实现 1959 年更大更好更全面的跃进而奋斗——纪念五四运动 40 周年的宣传纲要》，号召："我们每个青年都应当继承和发扬'五四'以来的光荣革命传统，以冲天的干劲去建设社会主义，并且为将来过渡到最美好的共产主义，贡献出全付力量。"同期刊出北京大学学运史编写小组的《五四运动前前后后》，以及北大东语系创作组的《火烧赵家楼》。此活报剧的第一幕在巴黎和会休息厅，第二幕在北京大学民主广场，第三幕在东交民巷西口，第四幕在赵家楼曹宅花园，最后是高呼口号的"尾声"。

《中国青年》1959 年第 7 期

第 8 期《中国青年》(4月16日) 发表徐特立的《纪念"五四"对青年的希望》和李达的《"五四"以来我国知识分子的道路》；第 9 期 (5月1日) 则是吴玉章的《回忆"五四"前后我的思想转变》以及邓拓的《五月的历史性号召》。相对来说，吴文自述从辛亥革命到 1925 年寻求真理的心路历程，最具史料价值；而且，不管你是否认同其政治主张，"我的前半生一直在一条崎岖不平的道路上摸索前进"，闻者无不动容。这几期的《中国青年》，印数在 138 万至 152 万之间。

这个时候的《文艺报》是半月刊，印数在 8 万左右。1959年第 8 期 (4月底刊行)《文艺报》乃"五四运动四十周年纪念专

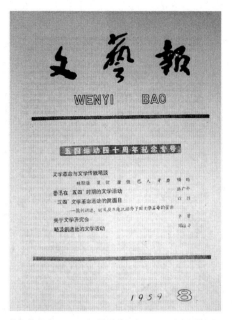

《文艺报》1959 年第 8 期"五四运动四十周年纪念专号"

号"，刊发了包括林默涵、夏衍、唐弢、巴人、杨晦等的《文学革命与文学传统笔谈》，各文自立题目（如杨晦《新与旧，今与古》）；另有许广平的《鲁迅在"五四"时期的文学活动》、以群的《"五四"文学革命的真面目——批判胡适、胡风及其他反动分子对文学革命的歪曲》，以及茅盾的《关于文学研究会》和郑伯奇的《略谈创造社的文学活动》。以群的文章很特别，批判胡适、胡风这些"死老虎"也就罢了，为何还有"其他反动分子"？仔细阅读，发现其批的是"文化特务潘公展"刊于《中央周刊》第 3 卷第 40 期（1941 年 5 月）的《敬告可爱的青年——五四精神的新生》，以及"国民党反动派全力支持的法西斯主义者'战国策'派"代表陈铨主编的《民族文学》，以及陈在 1943 年第 3 期上用"编者"名义发表的《五四运动与狂飙运动》。潘、陈二文之论述"国家至上，民族至上"，主张批判/超越五四的"个人主义"，确有迎合当时国民政府政治宣传的态势。可倘若反躬自省，以群等人不也与之"异曲同工"？

这一期的《文艺报》，未上要目的川岛《"五四"杂忆》、钦文《"五四"时期的学生生活》、胡仲持《"五四"时代的一页回忆》，反而有意思；就连石泉的《介绍几首"五四"时期的歌谣》、北京大学中文系56级四班的《〈五四散文选讲〉前言》、周维煌等的《略谈"五四"时期的重要期刊》，也都比较踏实。再配上王琦的木刻《鲁迅与"三一八"》、滑田友等人创作的浮雕《五四运动》、张松鹤的雕塑《鲁迅像》，此期专号确实质量不错。

1969 年，关键词：知识分子再教育

1969 年 5 月 4 日《人民日报》，头版头条是毛泽东的《青年运动的方向》。此文最初刊于 1939 年《中国青年》第 1 卷第 3 期，后由《中国青年》1949 年第 7 期转载，题为《在延安五四运动二十周年纪念大会的演讲》。此次重刊，仅删去开头的"同志们："，减少三字一标点，讲演于是变成了文章。这一天报头上的"毛主席语录"，出自《论人民民主专政》："整个革命历史证明，没有工人阶级的领导，革命就要失败，有了工人阶级的领导，革命就胜利了。在帝国主义时代，任何国家的任何别的阶级，都不能领导任何真正的革命达到胜利。"

第三版上，是那个年代最为权威的"两报一刊"（《人民日报》、《红旗》杂志、《解放军报》）社论，题为《五四运动五十年》。文章称："五十年来，中国革命的青年运动沿着毛主席指出的知识分子同工农兵相结合的道路，由新民主主义革命阶段发展到社会主义革

命阶段，又发展到无产阶级文化大革命的红卫兵运动，在中国革命历史上起了巨大的作用。""无产阶级文化大革命中，青年知识分子，红卫兵小将，立下了丰功伟绩，这是应当充分肯定的。但是，他们同样要走五四运动以来革命知识分子必走的道路——和工农兵相结合的道路。……知识分子一定要下定决心，长期地、老老实实地拜工农兵为师，接受工农兵的再教育，坚定地在这条正确道路上走下去。"如何接受"再教育"，"文革"中习惯于"毛主席挥手我前进"的红卫兵，此时正面临转型的巨大危机。此前半年，《人民日报》（1968 年 12 月 22 日）发表了《"我们也有两只手，不在城市里吃闲饭！"》的报道，编者按中引述毛主席的另一最高指示："知识青年到农村去，接受贫下中农的再教育，

《人民日报》1969 年 5 月 4 日

很有必要。"以此为开端，先后有 1600 万知青被卷入这场史无前例的上山下乡运动。预感到可能面临的巨大反弹，此次"两报一刊"社论在这方面做足了文章。至于第二版上解放军战士的《坚定不移地走与工农兵相结合的道路》，以及在部队农场劳动锻炼的知识青年之《沿着毛主席指引的方向继续前进》，都是配套产品，没什么信息量。

《光明日报》1969 年 5 月 4 日第一版和第三版的处理，和《人民日报》完全一样。略有发挥的是第二版：一是解放军某雷达站党支部如何"坚持用毛泽东思想对知识分子进行再教育"，一是成都某机床厂群众如何"人人做知识分子再教育工作"；都是努力论证"最高指示"的英明："知识分子如果不和工农民众相结合，则将一事无成。"

1979 年，关键词：解放思想

在这么多关于五四的十周年纪念中，1979 年可能是最为天清气爽，也是最让人意气风发的。那年的 5 月 4 日，《人民日报》第一版发表了新华社电《继承光荣革命传统，誓把无产阶级革命事业推向前进——纪念"五四"六十周年大会在京隆重举行》，报道了华国锋、邓小平等党和国家领导人出席纪念大会。另外，又全文刊出了华国锋的长篇讲话《在纪念五四运动六十周年大会上的讲话》："我们国家正处在历史上的一个重大转折时期。社会主义现代化建设的前景极大地鼓舞着全党和全国人民。……未来属于永远站在时代前列的青年!"第二版刊发了四篇大会发言,发言人包括团中央第一书记、北京大学团委书记、对越自卫还击战一等功荣立者,这三者各有其代表性;而最权威的是人大常委会副委员长、"五四运动的参加者许德珩同志"的《在纪念五四运动六十周年大会上的讲话》。有趣的是,在一个号召思想解放的时刻,许副委员长还在批判自己的老师胡适如何反对马克思列宁主义,甚至连几位北大老同学都一并拉出来示众:"胡适和傅斯年、罗家伦、段锡朋之流,后来都投到帝国主义、蒋介石的怀抱,成为人民的敌人。"

《人民日报》5月5日发表社论《解放思想,走自己的道路》,文章开头说:"正当我们把工作重点转移到四个现代化上来,提倡解放思想,发扬民主精神和科学精神的时候,纪念五四运动六十周年,具有特殊的意义。"谈五四新文化,表彰其如何"向西方寻找真理",这当然是题中应有之义;着眼当下,此话更是别有幽怀。社论的重点在批判林彪、"四人帮"如何死守马列只言片语,盲目排斥一切外国的东西:"'崇洋媚外'、'洋奴哲学'的帽子满天飞,闭眼不看世界的变化,关起门来自吹自擂,他们的倒行逆施,使得我们国家和世界先进国家的距离拉大了,国民经济濒于崩溃边缘。"向外国学习,不但科技要革新,体制也要改进:"五四时期科学和民主的口号,对我们仍有巨大的现实意义。我们需要科学,我们也需要民主。没有民主就没有社会主义,没有民主也没有四个现代化。"

5月5日《人民日报》第三版上有记者采写的《反帝反封建

的青年先锋——记周恩来同志"五四"时期在天津的革命活动》，下面是许德珩的《纪念五四运动六十周年》。第四版则是篇幅颇大的报道《北京大学隆重集会纪念五四运动六十周年》。每到五四，《人民日报》是否以及如何报道"五四运动发源地"北京大学的活动，是测量政治风气的重要指标。若是大加报道，意味着政治稳定、风气开通。

5月4日的《光明日报》，除了发新华社通稿，还有社论《走历史必由之路——纪念五四运动六十周年》。此文主旨是批判林彪、"四人帮"，还不忘把胡适也拉上来数落一通："他竭力破坏马列主义在中国的传播，企图把运动拉向右转。后来，他跑到蒋介石那里去了，又干起'三害'们干的事业，拼命要把中国往半殖民地半封建的道路上拉，堕落成为帝国主义的走卒，反动派的帮凶。"可见那时的"思想解放"，还有很大的发展空间。

1979年5月4日的《光明日报》，除了报道中国社会科学院纪念五四运动六十周年学术讨论会，以及中国社会科学出版社刊行《五四运动回忆录》《五四爱国运动》二书，重点还是在北京大学。第二版发表"本报记者"采写的长篇文章《追求真理的渴望——北京大学杨晦教授谈五四运动》，第三版则在通栏标题"纪念伟大的五四运动六十周年"下，用整整一版篇幅，刊登了六篇北大学生谈五四的文章。第四版"发扬'五四'革命精神—— 一九一九年五四运动照片剪辑"，照片是真实的，但编排很见用心——第一排李大钊、毛泽东，第二排周恩来、鲁迅。时至今日，如何准确评判毛泽东在五四运动中的作用，依旧未能真正落实；更何况思想刚刚解冻的"新时期"。

1979 年 5 月 5 日的《光明日报》，第一版"纪念五四运动六十周年，为实现四化贡献力量"，分别报道了中国社科院、北京大学、清华大学、中国人民大学、北师大为纪念五四举行的学术活动。5 月 6 日《光明日报》第二版《"五四"老人谈五四运动》，报道了 5 月 4 日下午 3 点在人民大会堂湖南厅举行的五四时期老同志座谈会，"回忆六十年来的峥嵘岁月，这些'五四'老人无不思潮奔涌，豪情满怀"。文章分别报道了邓颖超、李维汉、沈雁冰、胡愈之、杨东莼、唐铎以及主持人邓力群的发言。至于第二、三版刊载周扬长文《三次伟大的思想解放运动——在中国社会科学院召开的纪念五四运动六十周年学术讨论会上的报告》，谈论五四运动、延安整风和当下的改革开放三者的历史联系，高屋建瓴，气魄雄大，可那是转载自《人民日报》的文章。

相对来说，复刊不久的《文艺报》，还没有确立自己的思想高度，也发纪念文章，但影响力有限（《中国青年》则是四个月后才复刊）。反而是人民文学出版社刚创刊不久的《新文学史料》，在 1979 年 5 月推出了第 3 辑，以"纪念五四运动六十周年"的文章为主打，所收十三文，有新有旧，以回忆为主；其他各栏文章，多少也与五四新文化运动有关。整个专号显得厚重朴实，沉稳中见锋芒。

1989 年，关键词：体制改革

这一年的五四纪念，《人民日报》第一版报道《首都青年集会纪念五四》，以及中共中央总书记的讲话《在建设和改革的新时代进一步发扬五四精神》。再配合社论《发扬五四精神，推进改革和现代化事业》："政治体制改革是一项十分复杂的工作，要考虑到各种条件和因素，其中最重要的因素就是要有一个稳定的政治环境。没有这个前提条件，什么事情都办不好。"强调"稳定的政治环境"。

1989 年 5 月 4 日的《光明日报》，发的是新华社通稿。5 月 3 日头版头条为"本报评论员"文章《中国知识分子的道路和历史使命——为五四运动七十周年而作》，5 月 4 日发表了社论《高举爱国主义的光荣旗帜——纪念五四运动七十周年》，后者称，政治体制改革需要爱国主义精神支持，需要增强凝聚力。"凝聚力的形成，又仰仗于社会的安定。安定则人心稳，动乱则人心散。人心散则力不齐，力不齐则事不成。"

略为显得隔阂的是第二版上许德珩的《纪念五四》。此文追怀五四，谈及《新潮》《国民》《国故》三个不同政治倾向的北大刊物。那是一个卧病在床已三年的五四老人，回首平生，号召青年"为了祖国的美好未来，努力奋斗吧！"与 5 月 2 日《人民日报》第八版所刊冰心短文《七十年前的"五四"》，同样值得品味与赞赏，因为，那是最后一批"五四老人"的追忆。

与时政类报纸的紧急响应不同，此时已日渐边缘化的《中国青年》和《文艺报》，因事先组稿、发稿，显示了不一样的风采。《中国青年》为纪念五四运动七十周年，第 1—5 期开辟专栏。《文艺报》同样动手较早，4 月 22 日发出了刘再复长文《"五四"文学启蒙精神的失落与回归》，4 月 29 日又以《七十年后重回首，五四精神应长驻》为题，发表冰心、夏衍、臧克家、李準的短文，5 月 6 日，该报还在第一版发表通讯《要发扬"五四"文学的现实主义精神——王瑶、吴组缃谈"五四"运动》。

1999 年，关键词：振兴中华

这一回的五四纪念，显得相对低调。1999 年 5 月 5 日《人民日报》，头版头条《五四运动八十周年纪念大会在京举行》，副题是"发扬五四运动爱国进步民主科学光荣传统，肩负起振兴中华民族的伟大使命"。江泽民等中央领导全数出席，国家副主席胡锦涛发表题为《发扬伟大的爱国主义精神为建设有中国特色社会主义努力奋斗》，刊第一版，第三版则有时任"中国关心下一代工作委员会"主任王丙乾的《发扬五四精神，光大民族希望》，以及全国各地庆祝五四青年节的报道。至于此前一天的《人民日报》，第九版上戴逸的《五四运动的光辉道路》，乃"纪念五四运动八十周年专论之四"；第十一版陈漱渝的《追忆"活的鲁迅"》，则是为北京出版社六卷本《鲁迅回忆录》写的序言。如此东拼西凑，看得出外松内紧，小心翼翼，生怕出错。

《光明日报》5 月 5 日发新华社通稿，5 月 4 日发社论《肩负振兴中华的伟大使命》，特别引述江泽民总书记向全国青年发出的"四点希望"；第六、七版则是共青团北京市委组织的，包括《高举五四火炬，创造时代业绩》等文章，诸多历史图片，还有年表性质的《北京青年运动1919年—1999年》。

此时的《中国青年》和《文艺报》，再也没有五六十年代的独立苍茫、八面威风，虽也有关于五四的若干报道和文章，但未见精彩之作。《文艺报》稍微好些，5月4日那一期，请若干作家、学者谈五四精神，大标题是《回望八十年：五四精神不老，五四精神常新》。只是在"爱国进步民主科学"这四平八稳的统一口号的笼罩下，实在也变不出什么新花样。倒是第二版陈涌的长文《"五四"文化革命的再评价》值得注意，因其力图回答一个迫在眉睫的难题：如何看待1990年代以后"国学热"的兴起，以及对于五四新文化日趋严厉的批评。陈文称："'五四'文化革命，首先批判孔子以'礼'为标志，以'三纲'为主要内容的伦理政治思想，实际上也就为以后中国的民主革命在思想上扫清道路，因此是正确的必要的。但孔子的思想不只是伦理政治思想，还有哲学思想，教育思想，文艺思想，等等。而且就伦理政治思想来说，也还不是他的伦理思想的全部。"也就是说，批孔没错，但若完全否定孔子在中华文明史上的意义，则是"过犹不及"——陈文的基本立场，成为日后希望兼及"五四新文化"与"传统中国"的论者所喜欢采用的论述策略。

在《走不出的"五四"？》（2009年4月15日《中华读书报》）中，我提及："九十年间，'五四'从未被真正冷落过，更不要说遗忘了。我们不断地赋予它各种意义，那些汗牛充栋的言说，有些是深刻挖掘，有些是老调重弹，也有些是过度阐释。说实话，我担忧的是，过于热闹的'五四纪念'，诱使不同政治力量都来附庸风雅，导致'五四形象'夸张、扭曲、变形。"

正是因为意识到关于五四的言说中，隐含着巨大的政治风波、思想潜力以及道德陷阱，本文有意借钩稽史料，初步呈现这一斑驳陆离的历史图景。

2009 年 4 月 7 日于京西圆明园花园

［此乃作者在"'五四'与中国现当代文学"国际学术研讨会（2009 年 4 月 23—25 日，北京）及"五四论坛"（2009 年 5 月 4 日，台北）发表的论文，刊（台北）《文讯》2009 年 5 期及（北京）《读书》2009 年 9 期，发表时略有删节］

"少年意气"与"家国情怀"

——北大学生之"五四记忆"

在当代中国，只要你念过小学，都知道有个"五四运动"；可所谓"知道"，不等于真的理解。更何况，我们每代人都在与五四对话，一次次的纪念与阐释中，其实蕴含着我们自己时代的困惑与追求。九十年来，每代学者及青年都以某种形式与五四对话。其中最让我牵挂的，是"少年意气"与"家国情怀"。二者颇有纠葛，有时相得益彰，有时又互相抵牾，就看你如何观察与判断。

这些年，我们努力区分"历史事件""历史记忆"与"历史书写"，也明白所谓"发现真相"只是一个虚拟状态，或者说一种学术立场。也许更重要的是，追问今人所理解的"历史"是如何被建构起来的。关于五四的种种论说，也可从此入手。

一、谁的五四？

去年的这个时候，我在北大主持召开"五四与中国现当代文学"国际学术研讨会。为论文集、程序表及海报做设计时，我选了三幅图，一是五四当日的照片，一是闻一多的书籍装帧，一是天安门人民英雄纪念碑基座的浮雕。老照片的中央，那旗子上有"国立北京大学"字样。最后没选用，不是大公无私，而是制作出来的效果实在欠佳。参与设计的学生大呼可惜，他们更愿意选用那幅五四游行的老照片，与其说是出于历史感，还不如说是自尊心。

纪念五四时，引入图像的因素，让其与文字之间形成某种对话，起码五十年前《文艺报》就这么做了。1959年刊行"五四运动四十周年纪念专号"时，除了林默涵、夏衍、唐弢、巴人、杨晦、许广平、以群、茅盾、郑伯奇等人的文章，还配有王琦的木刻《鲁迅与"三一八"》、张松鹤的雕塑《鲁迅像》，再就是滑田友等人创作的这幅浮雕。

五四当日的照片

BEFORE THE AUDIENCE

闻一多的书籍装帧

天安门人民英雄纪念碑基座的浮雕

如何与"历史"对话，文字、图像、声音"三合一"，才能呈现比较完整的历史场景。闻一多创作的这幅图，出自《清华年刊》，即清华学校 1921 级毕业班纪念集，原本是闻一多创作的书籍装帧，我取中间的图像部分。图片上方有"BEFORE THE AUDIENCE"字样，至于"天安门前的青年讲演者"，则是《拍案颂》(北京图书馆出版社，2007 年)编者代拟的题目。

三张图片的差异，隐约可见"历史论述"的变化。老照片突出高扬的校旗以及昂首阔步的大学生，是世人关于五四的最初印象；闻一多的画，演讲的学生是正面，倾听的民众是背影，远处还有飞奔而过的人力车；纪念碑的浮雕，最"政治正确"，因为，学生和工农互相呼应，互为主体性。单看这三幅图，你都能大致明白，"历史"是如何被建构起来的。这倒促使我反省：关于五四的记忆，北大学生总是占据主导地位，"从来如此，便对么?"

何谓"五四运动"，既可理解为 1919 年 5 月 4 日天安门前的反日游行及其后续效应，也可看作互为关联的三大部分：思想启蒙、文学革命、政治抗议。两种叙述，体现不同的学术立场。毫无疑问，北大学者大都选择后一视角，因那意味着，北京大学始终站在聚光灯下。

去年的这个时候，我到台北参加"五四文学人物影像"开幕式及相关论坛，一看海报，我就乐了。为何选择冰心、徐志摩、鲁迅、郁达夫、田汉? 这海报上的五人组合，没有一个在 5 月 4 日天安门前的抗议现场。即便在京的冰心和鲁迅，也都没有参加游行；即便参加新文化运动，也不是"主将"。鲁迅的作品代表新文化的"实绩",但他自称是"听将令"的。一问方才明白,决定此布局的不是官方,也不是学者,是美编。为什么?好看,青年人喜欢。

那次活动的开幕式上,台湾师范大学合唱团的学生,穿上五四时期的服装,唱那个时代的流行歌曲,可一开口,我就觉得不像。因为,此前北大也有一台晚会:"红楼回响——北大诗人的'五四'"。两相比较,后者那种舍我其谁的感觉,且自认五四精神已经融化在血液中,那

"五四文学人物影像"展览海报

就是"我们的故事",让我很震撼。一注重仪表,一强调精神,在影像时代,如何"复活"或"创造"历史,你以为北大肯定获胜,不一定。

大陆谈五四,那既是历史,也是现实;既是学术,也是精神。而台湾谈五四,基本上属于"怀旧",没有那种"壮怀激烈"的感觉,尤其是青年学生,觉得很好玩。最近二十年,海峡两岸在如何看五四的问题上互相影响。台湾影响大陆的,是对激进主义思潮的批评,尤其不满五四新文化人对传统文化的批判;大陆影响台湾的,是新文学不仅仅属于温柔且文雅的徐志摩,必须直

面鲁迅等左翼文人粗粝的呐喊与刻骨铭心的痛苦。

怎么看五四，当然见仁见智。可当我开口评述时，明显是站在大陆学者的立场，比如，强调北大学生更能体会五四精神。仔细分析，这或许是"北大视角"造成的，且更多体现北大人的政治情怀及学术立场。再进一步推想，我的这种解读方式，是否与20世纪中国"风云激荡"的历史命运相呼应；下一个百年，中国人怎么看五四，还像我们一样"慷慨激昂""涕泪飘零"吗？或者换一个角度，欧美学人怎么看五四，日本青年怎么看五四，同时代的中国人中，北京人与外地人、亲历者与风闻者、工农大众与青年学生，其解读五四的方式，是否也都不太一样？

另外，在世人的记忆中，占据五四新文化运动舞台中心的，乃著名教授蔡元培、陈独秀、李大钊、胡适、钱玄同、刘半农、周氏兄弟等。这自然没错。可还有一点同样不能忘记：这是一个标榜"新青年"的运动，大学生的作用不可低估。五四时期的青年学生，就学识与社会影响而言，确实无法与陈独秀、胡适等比肩；但日后的发展，则未可限量。大学期间"躬逢盛事"，有幸目睹甚至直接参与思想大潮的崛起，对其一生必然产生决定性的影响。在这个意义上，谈论五四新文化运动，最好兼及当时"小荷才露尖尖角"的青年学生。谈思想启蒙，师长们确实占据中心位置；论文学革命，则师生各有专擅；至于政治抗争，唱主角的乃是大学生。否则，怎么叫"学潮"或"学生运动"？更值得关注的是，日后关于五四的纪念、追忆与阐释，主要是由学生一辈来完成的。

书影

在《触摸历史——五四人物与现代中国》（广州出版社，1999 年；北京大学出版社，2009 年）中，我们勾勒了 45 名历史人物与五四相遇的生命历程，其中包括 13 位大学生，但师长辈依旧是主体。在《触摸历史与进入五四》（北京大学出版社，2005 年）中，我论及"回到'五四'现场"时，曾开列 10 位当年北京学生（其中北大 4 人）的回忆文章，目的是让对五四感兴趣的读者，从当事人的眼光来解读那一场已成为重要话题及思想资源的伟大事件。今天，我干脆撇开师长，纯粹从"北大学生"的角度，来看待那场影响极为深远的政治 / 思想 / 文化 / 文学运动。

二、何人在"追忆"？

北大教授兼教务长顾兆熊（孟余）在 1919 年 5 月 9 日《晨报》上发表了《一九一九年五月四日北京学生之示威活动与国民之精神的潮流》，北大英文系学生罗家伦在 1919 年 5 月 26 日《每周评论》上刊出了《"五四运动"的精神》。顾文乃目前所见最早关于五四的评论文章，罗文更是声名远扬，常被史家提及。论者建议，将此二文加上张东荪发表在同年 5 月 27 日《时事新报》上的《"五四"精神之纵的持久性与横的扩张性》，作为五四运动或五四精神的"命名"。[①]请记住，还有北大国文门 1917 级学生杨亮功和他的表兄蔡晓舟合编的《五四》，那是第一本五四运动史料集，出版于

---

① 参见商金林《几代人的"五四"》，《新文学史料》2009 年第 3 期。

1919年9月。也就是说，北大师生很早就有意识地建构有关五四的神话。

我的学生袁一丹撰有硕士论文《"新文化运动"发生考论》(北京大学, 2008年)，其附录"《晨报》及其副刊的'五四纪念'(1920—1925)"让我得以发现，这六年间，坚持不懈地纪念五四运动的主力，非北大师生莫属。参与撰稿的，有社会名流如梁启超、李石曾，也有其他学校的学生，如北京高等女子师范学校学生钱用和、冯淑兰(沅君)，后者很快考入北大文科研究所，与罗庸、容庚、郑天挺等一起成为中文系第一批研究生。但主要作者，毫无疑问，还是北大的教授和学生。作为北大教授出场的，有蔡元培的《去年五月四日以来的回顾与今后的希望》和《五四运动最重要的纪念》、胡适及蒋梦麟的《我们对于学生的希望》、陶孟和的《评学生运动》、朱希祖的《五四运动周年纪念感言》、胡适的《黄梨洲论学生运动》、高一涵的《将来学生运动的责任》、李大钊的《中国学生界的 May Day》、谭熙鸿(谭仲逵)的《纪念"五四"》《"五四"纪念与青年的责任》及《五四运动与中国国家的前途》、夷初(马叙伦)的《五四》等。北大学生中，持枪上阵的有顾诚吾(颉刚)的《我们最要紧着手的两种运动》、罗家伦的《一年来我们学生运动底成功失败和将来应取的方针》、孟寿椿的《"五四纪念"与"精神劳动纪念"》、廷谦(川岛)的《"五四"的我感》和《纪念"五四"》、鲁士毅的《一九二一年的五四》、伏庐(孙伏园)的《五四纪念日的些许感想》、费觉天的《追怀旧五四、努力新五四》、黄日葵的《怎样纪念"五四"》、朱务善的《"五四"运动给国人对外的印象》、董秋芳的《"五四运动"在中国文学上的价值》等。

与北大师生的热心纪念五四运动相映成趣的，是国民政府的犹豫不决。孙中山对五四运动有个逐步认识的过程，起码 1920 年 1 月 29 日《与海外国民党同志书》里，对青年学生的爱国热情是极为欣赏的。[①]可惜他 1925 年 3 月 12 日就去世了。北伐成功后，国民政府定都南京，对青年学生的政治激情开始感到恐惧。1928 年 5 月 4 日《中央日报》上，刊登了中宣部制定的《宣传大纲》，称共产党利用五四纪念煽动学潮，"这是'五四'以后最不幸的现象"。这一拒绝五四的决策，日后将使国民政府付出沉重代价。

此后，在政府的积极引导下，五四纪念逐渐消歇，用胡适 1935 年发表在《独立评论》上的话来说："这年头是'五四运动'最不时髦的年头。前天五四，除了北京大学依惯例还承认这个北大纪念日之外，全国的人都不注意这个日子了。"[②]北大的坚持与政府的高压，于是成了民国政治史上的奇观。比如，1932 年 5 月 5 日《京报》报道北大学生在第三院大礼堂举行纪念大会，最后是许德珩演说："五四运动不仅是新文化运动，而且是以民众的力量，反抗帝国主义制裁卖国军阀的运动，凡一切历史事变，都不是偶然的，我们看，中国每一次对外屈服而对内压迫，则必然引

---

① 孙中山：《与海外国民党同志书》，见《孙中山选集》第 482 页（入集时改题《关于五四运动》），北京：人民出版社，1981 年。

② 胡适：《个人自由与社会进步——再谈五四运动》，《独立评论》第 150 号，1935 年 5 月 12 日。

起一次革命。"①1936 年 5 月 13 日《申报》称，学校不顾当局禁令，照常举行五四纪念集会。会场内外军警密布，"学生教授作狮子吼"，马叙伦、周炳琳、樊际昌、曾昭抡、许德珩等五教授到场并演说，最精彩的当属许德珩，因其"演说时，攘臂喧呼，口沫飞溅"。②

正因为这种长期坚持，某种意义上，谈论五四运动，似乎成了北大师生的"嗜好"乃至"特权"。1979 年 3 月中国社会科学出版社刊行《五四运动回忆录》上下两册，11 月刊行《五四运动回忆录》续编，单以文章论，一半以上谈北京；而关于北京的文章，三分之二是北大师生撰写的。

五四运动中，北大学生是主力；若从提倡新文化说起，那就更是如此。在这个意义上，北大师生成为五四追忆与阐释的主体，是理所当然的。可五四运动不仅仅属于北大，这点同样毫无异议。该如何解读这些关于五四的记忆呢？1920 年起《晨报》及其副刊的"五四纪念"，1929 年"无产阶级革命文学"的提倡，1934 年《中国新文学大系》的编纂与刊行，1944 年昆明的西南联大举行纪念五四系列活动，所有这些，都很精彩。而其中的关键，是 1939 年陕甘宁边区设立"五四青年节"。十年后，中国共产党掌握政权，将"纪念五四"上升为政府行为。作为一种制度性设计，一年一次小纪念，十年一次大纪念，实在蔚为奇观。其

---

① 《北京大学昨纪念五四／许德珩等演说／聚合游行被警阻止》，1932 年 5 月 5 日《京报》。

② 《北大举行"五四"十七周年纪念会》，1936 年 5 月 13 日《申报》。

《中央日报·青年周刊》1949 年 5 月 4 日

间，香港和台湾地区也有若干关于五四的文章及纪念活动，但无论规模和质量，都远不能和大陆相比。

请看这两张报纸：1949 年 5 月 4 日《人民日报》第一版，在大军南下势如破竹的诸多"战报"中，夹着陈伯达的重头文章《五四运动与知识分子的道路》（参见本书 133 页图）。此外，这一天的《人民日报》，第三、第四、第六版上，也有关于五四运动的纪念文章。同样是 1949 年 5 月 4 日，《中央日报》刊出社论《五四运动与科学民主》，另外，在台湾大学校长傅斯年题写刊头的"青年周刊"上，有殷海光的长文《五四运动三十年》。应该说，海峡两岸都极为关注五四这一政治符号。我曾选择《人民日报》等四种报刊，观察其在纪念五四运动三十周年、四十周年、五十周年、七十周年、八十周年时的表现，说明史学论述如何与波诡云谲的政治风云纠合在一起，构成一道隐含丰富政治内涵的"文化景观"①。因为，无论中国大陆还是台湾地区，五四要不要纪念，怎么纪念，都是一个极为敏感的政治问题。

① 参见收入本书的《波诡云谲的追忆、阐释与重构——解读五四言说史》，初刊《读书》2009 年第 9 期。

这一回，换个角度，选择十五位生活在海峡两岸的亲历五四的北大学生，看他们面对这个共同话题，如何记忆、叙述与阐释。

三、在台湾地区的北大学生如何叙说

倘若希望五四活在一代代年轻人的记忆中，单靠准确无误的意义阐发显然不够，还必须有真实可感的具体印象。对于希望通过"触摸历史"而"进入五四"的读者来说，杨振声、俞平伯等人"琐碎"的回忆文字，很可能是"最佳读物"。此前中国大陆学者（包括我自己）的研究，引证的基本上是生活在大陆、靠近共产党的北大学生的言论；可还有许多当初的风云人物，日后追随国民党政权退守台湾地区，他们的记忆与追怀，同样不能忽视。

六十年间，因应海峡两岸政治风云变幻，南京—重庆—台北的傅斯年、罗家伦、杨亮功、成舍我、毛子水，与延安—北京的许德珩、杨振声、俞平伯、罗常培、郑天挺、孙伏园等，就何为"五四真相"、谁是五四运动的主力，以及如何继承五四精神遗产等，展开了半个多世纪的争夺。这一争夺背后，隐含着一个时代的政治风云。

北大国文门 1916 级学生傅斯年（1896—1950），1928 年参与筹建中央研究院历史语言研究所，任所长 23 年，抗战胜利后，一度代理北京大学校长；1949 年 1 月，傅出任台湾大学校长，任职时间不到两年，但其对台大精神上的影响，一如蔡元培之于北大。傅斯年在 1943 年 5 月 4 日（重庆）《中央日报》上发表《"五四"偶谈》，

提及五四的历史价值："就文化说，他曾彻底检讨中国之文化，分别介绍西洋之文化，当时所立论，在今天看来，不少太幼稚的话，然其动荡所及，确曾打破了袁世凯段祺瑞时代之寂寞。……'五四'在往年遭逢'不虞之誉'，今日又遭逢不虞之毁，我以为这都是可以不必的。"第二年的五四纪念日，傅又在重庆《大公报》上发表《"五四"二十五周年》，再次为五四的反传统辩护："假如我们必须头上肩上背上拖着一个四千年的垃圾箱，我们如何还有气力做一个抗敌劳动的近代国民？如何还有精神去对西洋文明'迎头赶上去'？"抗战中，建立民族自信心十分必要，但不能变成"夸大狂"，更不该拒绝批判与反省。

北大英文学门 1917 级学生罗家伦（1897—1969），曾任清华及中央大学校长；随国民政府迁台后，任国民党中央党史编纂委员会主任委员、"国史馆"馆长等职。除了前面提到的两篇文章，更值得我们关注的是 1950 年的《五四的真精神》和 1967 年的《对五四运动的一些感想》。1950 年 5 月 4 日《"中央日报"》发表社论，题为《爱国·民主·科学》，与之配合的是罗家伦的《五四的真精神》，主旨为检讨国民党拒绝五四的失误："五四是代表新文化意识的觉醒""五四是代表国家民族意识的觉醒""当时五四的发动，完全出于青年纯洁爱国的热情，绝无任何政党或政团在后面发纵指使"；可惜北伐成功后，国民政府害怕"赤色的狂潮"，着意提奖"复古"，"于是有若干年都设法防止学生纪念五四"。"结果防止并防止不了，反而落得共产党来争取这个日子。"罗家伦之所以敢站出来反省拒绝五四的缺失，那是因为，1950 年的台湾，蒋介石汲取教训，决定将五四定为"文化运动节"。

北大国文系 1918 级学生成舍我（1898—1991），原名成平，在中国新闻史上享有很高声望。1924 年起相继创办《世界晚报》《世界日报》《民生报》《立报》等重要报刊，1955 年在台北创办世界新闻职业学校，后升格为世新大学。成舍我 1937 年 5 月 4 日在上海《立报》发表《怎样纪念"五四运动"》："当然，用群众力量对政局表示意见，和介绍近代学术，并不是始于'五四'，但范围普及全国，动员到工商各界的，必以'五四'为开端。所以'五四'是中国民族斗争史，政治史，以及文化史上最可纪念的一天。"二十年后，有感于国民党对待五四的暧昧态度，成舍我撰写了《卑论集·过去了三天的"五四"》（1966 年 5 月 7 日《小世界》），称："五四运动，是民族革命、政治革命、思想革命的综合体，没有五四运动，不平等条约的锁链，不会解除，腐恶的军阀势力不会打倒，民主与科学的观念，不会建立，换一句话说，也就是……永远无法进入现代国家行列，而孙中山先生倡导的国民革命，也就难以成功。"在这个意义上，继续发扬五四精神，十分必要："希望大家今后不要忘记，五四固然给'文艺'带来新生命，但它伟大的意义，并不专限于文艺！"

之所以有此感叹，是因为 1950 年 5 月 4 日《"中央日报"》除发表社论及罗家伦文章，还同时宣布成立"中国文艺协会"，其任务是"供应纸弹诛伐俄共，不迷恋骸骨不制造古董，不自我陶醉不脱离群众"。1951 年 5 月 4 日《"中央日报"》发表社论《争回五四的遗产》，强调五四遗产是："科学，民主，人性的文学"——着重点还在文学，这其实是一种政治策略。当天的《"中央日报"》上，台湾宣传事务主管部门负责人张道藩、教育事务主管部门负责人程天放等都发表文章，从"新文艺"的角度纪念五四运动。此后，台湾的五四纪念，就在"文艺节"的框架中，年复一年地展开，一直到今天。问题在于，单从"新文艺"着手，能"争回五四的遗产"吗？

综观历年《"中央日报"》上发表的纪念五四运动的社论，除了论述文学革命—民主与科学—新文化，最终如何通向三民主义，再就是批判中国共产党"篡夺"五四运动的阐释权。从1950年起，每年5月4日，台湾地区都过"文艺节"，颁发文艺奖金，组织文人雅集。至于话题，则圈定在"爱国运动""白话文"以及"新文艺"，小心翼翼地回避"学潮"或"思想启蒙"。在纪念五四的集会中，北大学生罗家伦经常坐在主席台上，而另一个老同学毛子水，也必须站出来讲讲白话文的意义。

1917级数学门学生、新潮社首批社员毛准（字子水，1893—1988），新文化运动时期撰有名文《整理国故的方法》。顾颉刚在《古史辨》第一册《自序》中，特别提到："在北京大学的同学中，毛子水先生是我最敬爱的。他是一个严正的学者，处处依了秩序而读书，而最服膺太炎先生的学说，受了他的指导而读书。"[1]那时毛准念的是数学，书桌上除了数学、物理等课本，还有《毛诗》及《仪礼》的注疏。德国留学归来后，毛长期任教于北大历史系，

---

① 顾颉刚：《〈古史辨〉第一册自序》第23页，顾颉刚编著《古史辨》第1册，上海：上海古籍出版社，1982年。

1949 年应老友傅斯年之邀，任台湾大学中国文学系教授。1979 年发表《六十年前"五四"这一天》（1979 年 5 月 1 日《"中央日报"》）和《不要怕五四，五四的历史是我们的！》（《我参加了五四运动》，台北：联经出版事业公司，1979 年），前者称："'五四运动'，是一个纯粹的学生爱国运动，绝不是任何党派或任何人所暗中指使的；而是当时的学生感受到必须为自己的国家民族免于为强权所辱的怒吼，可说是青年学生感到自己与国家息息相关的一项自觉运动。"后者更有趣，除了说 5 月 4 日那一天，他如何跟着游行队伍走到天安门，接着又到了曹汝霖的家，看到火从曹家烧起来，又见有人打了驻日公使章宗祥，觉得有点过火了；不赞成罢课，"但做学生不上课总是高兴的事"。至于说五四有好也有坏，这没有意义，应该讲"基本的问题"——拒绝在巴黎和约上签字，促成建立现代的国家，加速了白话文的流行。这访谈录中最精彩的，还是那句化为标题的名言——"不要惧怕五四，五四的历史是我们的"。

北大国文门 1917 级学生杨亮功（1895—1992），留美归来后，曾任安徽大学校长、北京大学教育系主任等；到台湾后任台湾地区监察机构秘书长、考试机构负责人。1979 年联经出版事业公司刊行的《我参加了五四运动》中，收录了杨亮功的采访录《五四一甲子》："杨亮功先生以为五四运动，只是单纯的偶发的学生爱国运动，与新文化运动或其他任何因素完全无关。"这个意思，在《〈五四〉重印序》中，说得很清楚："总之，此一小书为记载五四运动最早出版的一本书。书中所载，皆系第一手资料。读者可以从这一本书，认清五四的真面目，体会五四的真意义。亦可以了解到此一运动，与所谓新文化运动，或任何外在因素，完全无关。"[①]那是因为，当年的杨亮功，只顾埋头读书，没有介入任何政治或文化活动。杨著有《早期三十年的教学生活》，此书第二章"五年北大读书生活"提及新旧论争最激烈时，他如何置身度外。作为观察者，书中描述了刘师培、陈独秀、黄侃、钱玄同、黄节、吴梅、周作人等各位教授的做派与神情，颇为真切，而立场则明显偏向于刘师培。[②]杨在五四期间唯一能查到的活动是，1917年12月27日北大廖书仓等47名同学发起北京大学消费公社，杨亮功列名其中。

最近二十年，两岸交往日益频繁，台湾学界关于五四的论述迅速拓展，台湾民众对于五四的兴趣也与日俱增。1999年，我赴台参加在"中央研究院"举行的纪念五四八十周年学术研讨会（政治大学主办），那时台湾民众的普遍看法是：五四，那是很久远的事情，我们早就超越那个阶段了。时隔十年，去年我再次参加台湾学界举行的五四纪念活动，明显感觉热闹多了，除了学术会议，还有民众的关心与参与。跟中国大陆不同，在台湾地区，很长时间里，鲁迅等人的新文学作品属于禁书。1987年"解严"后，方才开始公开阅读与讲授，不免多有隔阂。经学界及媒体二十年努力，有此景象，已经很不容易。台湾大学等组织的纪念五四的"系列活动"，不太学术，主要面对青年学生，如"五四之旅"这

---

① 杨亮功：《〈五四〉重印序》，杨亮功、蔡晓舟编《五四》，台北：传记文学出版社，1982年。

② 杨亮功：《早期三十年的教学生活》第9—22页，台北：传记文学出版社，1980年。

样的设计，带大家去台大参观为纪念傅斯年而设立的傅园、傅钟，去"中央研究院"看胡适纪念馆，还有参观钱穆故居、林语堂故居等，可惜台静农的故居拆了，只好到他晚年居住的地方转一圈。或者像举行"五四文学人物"这样的展览，包含人物照片、文学期刊、手稿及珍本书籍等。不过，你还是可以看得出来，侧重点在"文学"，但这已经不是意识形态的限制，而是民众的欣赏趣味。

"五四文学人物"展览

171

四、在中国大陆的北大学生怎样追忆

对于文人学者来说，早年参加五四运动的记忆，绝不仅仅是茶余饭后的谈资，更可能随时召唤出青春、理想与激情。而借助这些先辈们琐碎但真切的"追忆"，我们方才得以从容进入五四的规定情境。在台湾地区，傅斯年去世较早，其他几位北大同学关于五四的记忆，并不占主导地位，加上长期限制在"文艺节"的地盘，怎么可能从中国大陆手中夺回五四的阐释权？相对来说，海峡这边对于五四的追忆与阐释，虽也有若干禁忌，但还是活跃得多。

众多追忆与论述中，出于"私心"，我选择了五位与北大中文系密切相关者，看他们是怎么谈论五四的：北大国文门 1916 级学生许德珩、杨振声、俞平伯，北大国文门 1918 级学生孙福源（伏园），以及北大哲学门 1917 级学生杨兴栋（晦）——后者不是中国文学门（系）学生，可日后长期担任北大中文系主任（1919 年北大"废门改系"，故有时称"国文门"，有时称"国文系"，端看提及时间）。

北大国文门 1918 级学生孙伏园（1894—1966），原名孙福源，笔名伏庐、柏生等，绍兴人，著名副刊编辑，主要著作有《伏园游记》《鲁迅先生二三事》。1920—1925 年间，《晨报》副刊之所以每年刊出"五四纪念增刊"，与时任编辑的孙伏园关系很大。而他自己也多次亲自操刀，如 1921 年的《五四纪念日的些许感想》，1922 年的《五月四日》等。新中国成立后，孙伏园先后发表《几个"五四"时代的人物访问记》（1949 年 5 月 4 日《人民日报》）、《五四

172

运动的广狭义》(1950 年 5 月 4 日《光明日报》)、《回忆五四当年》(《人民文学》1954 年 5 月号)、《回忆五四运动中的鲁迅先生》(《中国青年》1953年 9 期),后两文收入中国社会科学出版社 1979 年版《五四运动回忆录》。

北大国文门 1916 级学生杨振声(1890—1956),是新潮社骨干,首届职员中,编辑部三位依次是傅斯年、罗家伦、杨振声。留美归来后,杨振声历任武昌大学、北京大学、清华大学等校中文系教授,1930 年任青岛大学校长。抗战中任西南联大常务委员会委员兼秘书长、中文系教授,1946 年负责北京大学北迁筹备工作,并任教北大中文系。1952 年调任长春东北人民大学中文系教授。读书期间,杨陆续发表了《渔家》《一个兵的家》等短篇小说,代表作是中篇小说《玉君》。杨振声关于五四的文章不算多,但很精彩,主要是《五四与新文学》(《五四卅周年纪念专辑》,上海:新华书店,1949 年)、《从文化观点上回首五四》(《观察》第 6 卷第 13 期,1950 年 5月)、《回忆五四》(《人民文学》1954 年 5 月号),后两文也收入了《五四运动回忆录》。

北大国文门 1916 级学生俞平伯(1900—1990),新文化运动时期任新潮社干事部书记。1920 年 1 月,俞平伯与傅斯年等乘船赴英国留学,因不适应那边的生活,4 月兴尽而返。1923 年出版代表作《红楼梦辨》。长期任教北大,1952 年调入北大文学研究所任研究员,次年该所归并中国科学院。有诗集《冬夜》《古槐书屋间》,散文集《燕知草》《杂拌儿》等传世。关于五四的回忆诗文,最精彩的是刊于 1949 年 5 月 4 日《人民日报》的《回顾与前瞻》,以及初刊 1979 年 5 月 4 日《文汇报》的《"五四"六十周年忆往事》（十首），另外，还有《五四忆往——谈〈诗〉杂志》（《文学知识》1959 年 5 月）等。

北大哲学门 1917 级学生杨晦（本名兴栋，号慧修，1899—1983），乃"火烧赵家楼"的直接参与者。1920 年从北大毕业后，到沈阳、太原、河北、山东等地教书。1925 年秋，在北京与冯至、陈炜谟等组织文学团体沉钟社。中华人民共和国成立后一直执教于北大中文系，长期担任系主任，每当五四纪念活动，常被要求发言，于是有了以下谈论五四的文章：《用学习来纪念五四》（1950 年 5 月 4 日《光明日报》）、《五四运动与北京大学》（《光辉的五四》，中国青年出版社，1959 年）、《新与旧，今与古》（《文艺报》1959 年 8 期）、《回忆五四运动，深入批林批孔》（1974 年 5 月 5 日《光明日报》）、《回忆五四运动》（《山西青年》1978 年 5 期）、《五四的道路》（《北京文艺》1979 年 5 期）、《追求真理的渴望——北京大学杨晦教授谈五四运动》（1979 年 5 月 4 日《光明日报》）等。

北大国文门 1916 级学生许德珩（1890—1990），1920 年赴法勤工俭学，1927 年春回国。1931 年开始，应聘北大。1946 年 5 月 4 日，九三学社在重庆举行成立大会，许德珩被选为理事长。中华人民共和国成立后，出任诸多要职，如第四、五、六届全国人大常委会副委员长。1990 年 2 月 8 日，许德珩因病医治无效，在北京逝世，终年 100 岁。在北大念书时，许参与创办《国民杂志》，是五四游行当日被捕的 32 名学生之一，狱中曾口占两首诗："为雪心头恨，而今作楚囚。被拘三十二，无一怕杀头。""痛殴卖国贼，火烧赵家楼。锄奸不惜死，来把中国救。"因这一经历，加上身居高位，许很自然地成了五四的代言人。除了 1950 年代发表、日后收入《五四运动回忆录》的《五四运动在北京》《孙中山先生对五四学生运动的同情和支持》《五四前的北大》《杂谈五四》等，还有《纪念"五四"话北大——我与北大》[《北京大学学报（哲学社会科学版）》1979 年 2 期]、《在纪念五四运动六十周年大会上的讲话》（1979 年 5 月 4 日《人民日报》）、《纪念五四运动六十周年》（1979 年 5 月 5 日《人民日报》）、《五四运动与体育——五四前夕访许德珩同志》（《新体育》1979 年 5 期），以及 1989 年 5 月 4 日《光明日报》上的《纪念五四》。

在北大的视野中追忆五四，其主力毫无疑问是当年的在校生。英文门的罗家伦、哲学门的杨晦等，都有很好的回忆文字。但最关键的，也是我最感兴趣的，还是中国文学门诸君的"五四记忆"——包括 1916 级的傅斯年、许德珩、杨振声、俞平伯、罗常培；1917 级的杨亮功、郑天挺；1918 级的成舍我、孙伏园。如此常说常新的五四，毫无疑问，容易被"过度阐释"，其中有遮蔽，有扭曲，也有意义转移。如何追忆，怎么阐发，可借此观察一代人的心志与才情——北大学生自然也不例外。

五、一班刊物竞成三

俞平伯 1979 年所撰《"五四"六十周年纪念忆往事十章》，其中有："同学少年多好事，一班刊物竞成三。"自注说："先是北大中国文学门班中同学主持期刊凡三，《新潮》为其之一。"[①] 也就是说，同班同学中，除了以"文艺复兴"相号召的《新潮》，还有主张"昌明中国固有之学术"的《国故》，以及提倡"新旧学说并行、东西文化并重"的《国民》。这三个杂志存在时间都不长，但影响很大。《新潮》12 期，1919 年 1 月—1922 年 3 月；《国民》8 期，1919 年 1 月—1921 年 5 月；《国故》5 期，1919 年 3 月—10 月。我关心的是，当初鼎足而三，可几十年来，众多追忆文章，为何独缺了《国故》？《国故》同人怎么了，为何难见其自述或追忆？如此任人评说，是否有失公允？

北大哲学门 1915 级学生，晚年长期任教北大的著名哲学家冯友兰（1895—1990），在《三松堂自序》中称，赶上了新文化运动，但没能赶上火烧赵家楼，有点遗憾。[②] 而在《我在北京大学当学生的时候》中，冯先生提及："学生们还办了三个大型刊物，代表左、中、右三派。左派的刊物叫《新潮》，中派的刊物叫《国民》，右派的刊物叫《国故》。这些刊物都是由学生自己写稿、自己编辑、自己筹款印刷、自己发行，面向全国，影响全国的。派别是有的，但是只有文斗，没有武斗。"[③] 此文撰写于"文革"结束之后，故有"文斗""武斗"一说。五四运动爆发前一年毕业的冯友兰，

---

① 俞平伯：《"五四"六十周年纪念忆往事十章》，《战地》增刊第 3 期，1979 年 5 月；此组诗与初刊 1979 年 5 月 4 日《文汇报》上的《"五四"六十周年忆往事》（十首）内容相同，但文字略有改动。

② 冯友兰：《三松堂自序》第 49 页，北京：生活·读书·新知三联书店，1984 年。

③ 冯友兰：《我在北京大学当学生的时候》，《文史资料选辑》第 83 辑，北京：文史资料出版社，1982 年 8 月。此文后成为《三松堂自序》第八章"北京大学"，引文见第 333 页。

感受到了山雨欲来的大氛围，但未曾真正介入，故不太理解日后闹翻了天的"新旧论争"。

章廷谦（1901—1981），笔名川岛，浙江绍兴人，1919年10月由山西大学转入北大哲学系后，积极拥抱各种新思潮。1922年毕业，留校任蔡元培办公室西文秘书兼哲学系助教，1924年与鲁迅、周作人等共同创办《语丝》周刊。章一直追随鲁迅，成为其忘年交。曾在厦门大学、西南联大等任教，1946年起长期执教于北大中文系。从1921年的《"五四"的我感》、1923年的《纪念"五四"》，到中华人民共和国成立后的诸多言论，可以看出，坚定地捍卫新文化的川岛，毕竟是后来者，对新旧之争的内幕了解甚少。比如称《少年中国》月刊，"在当时，至少我有这样的感觉：是和《新青年》《新潮》两个杂志鼎足而三的"；"凭良心说，就是当时的《国故》杂志不爱看"。[①] 作为热心政治的"新青年"，不看《国故》很正常，但为何谈及《新青年》《新潮》《每周评论》《新生活》《少年中国》，而只字未提许德珩等编辑的《国民》？

1917年考进北大国文门、日后成为著名史学家的郑天挺（1899—1981），自知功底差，天天泡图书馆，真是"两耳不闻窗外事"。1933年起，郑先生出任北京大学秘书长，一直坚持到1950年。1952年院系调整，奉调到南开大学任历史系教授。他的自传是晚年在儿子的帮助下撰写的，因此才有《新潮》《国民》《国故》三足鼎立的说法："这时北大的同学很活跃，有三种不同方面

---

① 参见川岛《少年中国学会》，1950年5月4日《北大周刊》；《"五四"杂忆》，《文艺报》1959年第8期。

的刊物出版：《新潮》《国民》《国故》，但我们班的同学却仍然各自埋头读书，很少参加活动。记得有一人给《国故》送了一篇稿子，受到同学的揶揄，大家都自命清高，认为投稿是自己炫耀才识，颇不以为然。我很受这种思想影响，后来不敢、也不愿以自己文章就正于人，因而亦就很少写文章。班上的其它同学，也多如此。"[1]

北大哲学门1916级学生顾颉刚（1892—1980），念书时，经常与傅斯年高谈阔论。傅斯年《〈新潮〉之回顾与前瞻》称，1917年秋天在北大，他和顾颉刚同一宿舍，"有时说到北京大学的将来，我们抱很多的希望，觉得学生应该办几种杂志"[2]。正式办起《新潮》时，顾在苏州养病，仍是首批入社的21人之一。当年胡适刚进北大，主讲中国哲学史，同学很不以为然。顾颉刚约同屋的傅斯年去旁听，"他去旁听了，也是满意"。这故事顾颉刚在1926年版《〈古史辨〉第一册自序》中，有详细的描述[3]，且广为传播。可顾颉刚学问欲望很强，五四时期没有参加多少政治活动。1920年，顾发表《我们最要紧着手的两种运动》，提出："我们应觉悟，我们若是诚心要改造政治，总不要用政治来改造政治，务要用社会来改造政治。要去改造政治，先要改造社会。要去改造社会，先要使全国国民都有受教育的机会。大家有了受教育的机

---

① 《郑天挺自传》，见冯尔康、郑克晟编：《郑天挺学记》第374页，北京：生活·读书·新知三联书店，1991年。

② 傅斯年：《〈新潮〉之回顾与前瞻》，《新潮》第2卷第1号，1919年10月30日。

③ 顾颉刚：《〈古史辨〉第一册自序》第36页，顾颉刚编著《古史辨》第1册。

会，自然社会文化会渐渐提高起来，才能够造成有实力的舆论、有价值的公意。"①此文题目下面，有"教育运动""学术运动"两个标语，很能体现胡适的影响以及《新潮》同人的趣味。这就难怪，日后因政治需要，顾也会骂骂傅斯年、罗家伦"实际上都是政治野心家"②，或者说说老同学"薛祥绥、张煊、罗常培等则办起《国故》来，提倡'保存国粹'，并推刘师培作社长，坚决地和《新潮》唱对台戏"，实在是不明时势③，但从来不评价许德珩等人的《国民》。

谈及五四时期的新旧之争，一般都会引述 1919 年 3 月 21 日《神州日报》上的《北京大学新旧两派之争衡》。此文称，陈独秀、胡适的学生与刘师培、黄侃的学生闹对立，于是有了《新潮》与《国故》："盖学生中固亦分旧新两派而各主其师说者也。二派杂志，旗鼓相当，互相争辩。"刘师培对此报道很反感，当即在 1919 年 3 月 24 日的《北京大学日刊》上刊发《刘师培致〈公言报〉函》："又《国故》月刊由文科学员发起，虽以保存国粹为宗旨，亦非与《新潮》诸杂志互相争辩也。"不管当事人如何辩解，没人理睬，就因为此"新旧对立"的论述框架，简单明快，容易记忆，也有利于传播。

作为新派人物的代表，傅斯年等不必怎么宣传，其声誉不胫

---

① 顾诚吾（颉刚）：《我们最要紧着手的两种运动》，1920 年 5 月 4 日《晨报》。

② 顾颉刚：《回忆新潮社》，张允侯等编《五四时期的社团》第 2 册第 124—126 页，北京：生活·读书·新知三联书店，1979 年。

③ 顾颉刚：《我是怎样编写〈古史辨〉的?》第 3 页，顾颉刚编著《古史辨》第 1 册。

而走。大概也正因此，傅得以从容地自我反省。《〈新潮〉之回顾与前瞻》谈及同人的勇猛精进，在从事"一件最可爱的事业"，但也提醒诸君："我们原是学生，所以正是厚蓄实力的时候"；"发泄太早太猛，或者于将来无益有损"。提及同时期可算同道的杂志，除作为师长的《新青年》，"此外以《星期评论》《少年中国》《解放与改造》和短命的《每周评论》《湘江评论》算最有价值"。①此外，还表扬了《建设》的仔细研究问题，不说空话。有趣的是，傅斯年同样只字不提《国民》，到底是不在其视野之内，还是刻意回避？

《新潮》与《国故》，代表新旧论争的两极，评价迥异，但都不会被遗忘。相反，以"增进国民人格，灌输国民常识，研究学术，提倡国货"为宗旨，文化立场不新不旧，且更多介入社会改革的《国民》，容易被忽略。对此，北大英文学门1918级学生、国民杂志社骨干、日后成为早期共产党人的黄日葵（1899—1930），就很不以为然。1923年12月17日《北京大学二十五周年纪念刊》上，有黄日葵的《在中国近代思想史演进中的北大》，提及五四时期学生两大倾向："一种倾向是代表哲学文学一方面，另一种倾向是代表政治社会的问题方面。前者是新潮杂志社，后者是国民杂志社。《新潮》于思想改造、文学革命上，为《新青年》的助手，鼓吹不遗余力，到今这种运动已经普遍化了。国民杂志社的一群，始初以反抗国际帝国主义（日本）之压迫这点爱国的政治热相

---

① 傅斯年：《〈新潮〉之回顾与前瞻》，《新潮》第2卷第1号，1919年10月30日。

结合。在杂志上可以看出他们对于政治问题、社会问题是特别注意的。"①在黄日葵看来，新潮社成员日渐走向整理国故，而国民社成员不少成为布尔什维克的仰慕者，因此，后者更是五四运动的中坚。

黄君这一论述策略，日后为另一位《国民》的编辑许德珩所继承。许德珩 1958 年发表《回忆国民杂志社》，提及《新潮》得到校方的支持："它比《国民》筹备晚，却能在同一天出版，这都是因为有胡适帮忙。从文学革命和介绍欧美新文化的角度来说，《新潮》比《国民》的影响大。因为我们反对胡适、傅斯年，所以北大的黄侃、刘师培等人都同情我们，章炳麟也支持我们。"②半个世纪后，在大陆学界，由于支持《新潮》的胡适被批判，支持《国民》的李大钊受表彰，两个杂志的地位发生逆转。

作为人大常委会副委员长，许德珩在 1979 年 5 月 5 日《人民日报》上发表《五四运动六十周年》，谈及《新青年》时，顺带提了一下《新潮》，但不忘添上一句："《新潮》杂志的主办人后来全部倒退，走向反动。"至于扮演反派角色的"《国故》派的人物"：教员中有"最顽固的复辟分子辜鸿铭"，"学生中有张暄（煊）、伍一比、罗常培等"。此文着力推荐的，是与自己关系密切的学生救国会与《国民》杂志。这里有意识形态的缘故，但也是长期的"瑜亮心结"——《新潮》与《国民》，在五四的舞台上，

---

① 黄日葵：《在中国近代思想史演进中的北大》，张允侯等编《五四时期的社团》第 2 册第 35 页。

② 许德珩：《回忆国民杂志社》，张允侯等编《五四时期的社团》第 2 册第 37—40 页。

到底谁是主角。

99 岁高龄的许德珩副委员长，在 1989 年 5 月 4 日《光明日报》上发表《纪念五四》，对自家观点有所修正；虽仍是表扬与自我表扬相结合，但态度相对和缓："这鼎足而三的社团，反映了当时的北大学生在蔡校长'兼容并包'这一方针下的思想分野。他们在五四运动以前的一个时期各自为政，互不相谋，真正是叫做'自由发展'。"

在大陆学界，经由黄日葵、许德珩等人的不懈努力，目前关于这三个学生杂志的排列，已不再是新旧对峙，中间夹一个面目模糊的《国民》。这左中右的光谱排列，逐渐变成了《国民》—《新潮》—《国故》。其中的奥秘，在于《新潮》社不少要员日后加入国民党，而《国民》的骨干更靠近共产党。因此，新中国成立后的历史叙述，五四运动的大舞台上，新潮社的位置逐渐被国民社取代。

作为《新潮》的论敌、同样属于新文化运动有机组成部分的《国故》，本自有其思想资源及文化追求，可惜，几十年间被大众传媒及历史学家彻底漫画化了。《国故月刊社记事录》的"发起始末"称，"岁初俞士镇、薛祥绥、杨湜生、张煊慨然于国学沦夷，欲发起学报以图挽救"。此举得到蔡元培校长支持，并获开办费三百元，1919 年 1 月 26 日 "开成立大会于刘申叔先生宅内"。"本月刊以昌明中国固有之学术为宗旨"，"凡北京大学同学有赞成本刊宗旨者得为本社社员"，杂志聘刘师培、黄侃为总编辑，陈汉章等八教授为"特别编辑"，张煊、薛祥绥、俞士镇等为编辑，杨湜生等为总务，罗常培等为文牍。① 第一期除学生文章外，有刘师培、马叙伦等助阵。

生不逢时的《国故》，很快被迫扮演反派角色，在众多关于五四的论述中，成为嘲笑对象。如何看待《国故》的功过，那是历史学家的事；我关心的是，为何《国故》同人不发出自己的声音。其实，道理很简单，历史基本上是胜利者书写的，作为失败者的《国故》，没有多少发言的机会。除了时代大潮，还有很现实的考量：精神导师或去世（刘师培）或离去（黄侃），根本无法庇护自己的学生；《国故》的主要人物，日后没能得到很好的发展——相对于胡适支持的新潮社和李大钊支持的国民社，可以看得很清楚。

唯一的例外，是早先不太重要的罗常培，日后在学业上取得很大成绩。北大国文门 1916 级学生罗常培（1898—1958），早年醉心古典，记录整理刘师培的《汉魏六朝专家文研究》；大学毕业后，转入哲学系半工半读。正是因其及早改换门庭，走出"国故"社的陷阱，日后才能进入主流学界。罗常培曾任中央研究院历史语言研究所研究员、北京大学教授、西南联合大学中文系主任等，1950 年，参与筹建中国科学院语言研究所并任第一任所长。1950 年代的罗先生，正努力追求进步，积极参加思想改造，也很得政府信任，不愿提及那倒霉的《国故》。从《纪念"五四"的第三十年》（《五四卅周年纪念专辑》，新华书店，1949 年），到《第一个五四文艺晚会的回忆并怀一多、佩弦》（1950 年 5 月 4 日《光明日报》）、《从朦胧到

---

① 参见《国故月刊社记事录》，王学珍、郭建荣主编《北京大学史料》第 2 卷第 3 册第 2715—2717 页，北京：北京大学出版社，2000 年。

光明》(1950年5月4日《北京新民报日刊》)、《纪念"五四"要和资产阶
级划清思想界限》(1952年5月4日《光明日报》)，再到《自传》(《罗常
培纪念论文集》，商务印书馆，1984年)，罗先生都小心翼翼地回避《国故》
杂志。谈及五四时，他更愿意追忆的是西南联大时期，如何和闻
一多等不顾当局高压，发起纪念五四的文艺晚会。

　　真是"上穷碧落下黄泉"，好不容易在1940年9月10日出
版的《新光》杂志第1卷第6期上，找到了《国故》骨干俞士镇
的《廛居忆旧录·一、刘申叔先生》，其中有这么一段："戊己之
交，新思潮方炽，余与同学辈请于校长蔡子民先生，创设《国故》
月刊，以昌明中国固有之学术，子民先生慨然允之，月助金三百
番，并拨给校舍一椽，为办公处所。遂推举先师及黄季刚先生任
总编辑。……月刊之创也，志在整理旧贯，与校中《新潮》等刊
物并行不悖也，外间不察，肆为鼓簧之论，报纸如《公言报》等，
径谓：'刘黄诸氏，以陈胡等(指陈独秀胡适)与学生结合，有种种印
刷物发行，故组织一种刊物，名曰《国故》月刊。'而各书肆炫利
求售，更高揭'新思潮之敌《国故》月刊'之帜，道路流传，妄
生揣度，而皆集矢放先师，先师忧愤内结，遂以不起。嗟嗟！《国
故》诞生，乃反足以促先师之死，是则又岂余侪所及料耶?"[1]这
是目前我唯一见到的《国故》同人的自我辩护，值得全文抄录。
不过，这位活跃于沦陷时期北京学界的俞士镇，在此后的中国政
坛及学界，都不被关注。

---

[1]　俞士镇：《廛居忆旧录·一、刘申叔先生》，《新光》第1卷第6期，1940年9月10日。

不是说"一班刊物竞成三"吗，日后的追忆文字，为何只提《新潮》和《国民》，而不太涉及《国故》？除了该杂志被定位为"反对新文化运动"，成了反派角色，更因当初国文门1916级大多数同学参加的《国故》月刊，在思想及学术上，确实没能打开一片新天地；即便"整理国故"的业绩，也都不及新潮社的傅斯年、顾颉刚等。时代大潮浩浩荡荡，自有其合理性。对于当事人来说，被抛离主流，长期不得志，即便有业绩，也不被记忆。因此，作为后来者，我们更应该努力理解五四的复杂性与丰富性，警惕"成王败寇"的思维方式。

五四是不是激进？当然激进，不激进无法冲破各种政治的、思想的、文化的禁锢与牢笼。我们要追问的是，何以以激进著称的北大，内部竟也如此"四分五裂"？历史最后选择了什么道路，不完全由当事人的意愿决定。日后北大学生的追怀与叙述，似乎全都是《新潮》和《国民》的天下，这不对，带进《国故》的视野，历史场景才比较完整。一班同学尚有如此分歧，想象五四新文化运动"铁板一块"，那是很不现实的。今日学界之所以对新文化内部的"多元并存"缺乏了解与认知，很大程度上缘于长期以来的意识形态宣传以及历史学家的误导。

六、人生路上，不断与五四对话

对于当事人来说，曾经参与过五四运动，无论在京还是外地，领袖还是群众，文化活动还是政治抗争，这一经历，乃生命的底色，永恒的记忆，不死的精神；毋须讳言，这也是一种重要的"象征资本"。阅读众多北大学生的五四证词，最大的感触是，无法超越时代，但又都不会完全屈从于一时的政治权威，在一次次饱含激情和深情的追怀与叙述中，或多或少地延续了其青年时代的梦想与追求，或多或少地挑战着其时的主流思想。观察这些"好事"的"同学少年"，如何在事隔多年之后，不时穿越历史时空，与"永远的五四"对话，可以让我们领略什么叫"历史的魅力"以及"思想的力量"。

说到这，我想推荐几篇文章，作为"宏大叙事"的补充。孙伏园《回忆五四当年》称："五四运动的历史意义，一年比一年更趋明显；五四运动的具体印象，却一年比一年更趋淡忘了。"没有无数细节的充实，五四运动的"具体印象"，就难保不"一年比一年更趋淡忘了"。①没有"具体印象"的五四，只剩下口号和旗帜，也就很难让一代代年轻人真正记忆。

与此印象和口号之争相对应的，是细节与大事的互补。杨振声的《回忆"五四"》不讲大道理，注重场景描写，很有趣。文章提及蔡元培校长带来了清新的空气，《新青年》警醒了一代青年，接下来是："当时不独校内与校外有斗争，校内自身也有斗争；不独先生之间有斗争，学生之间也有斗争，先生与学生之间也还是有斗争。比较表示的最幼稚而露骨的是学生之间的斗争。有人在灯窗下把鼻子贴在《文选》上看李善的小字注，同时就有

---

① 孙伏园：《回忆五四当年》，《人民文学》1954 年 5 月号；又见《五四运动回忆录》第 253—259 页，北京：中国社会科学出版社，1979 年。上述引文入集时被删去。

人在窗外高歌拜伦的诗。在屋子的一角上，有人在摇头晃脑，抑扬顿挫地念着桐城派古文，在另一角上是几个人在讨论着娜拉走出'傀儡之家'以后，她的生活怎么办？念古文的人对讨论者表示憎恶的神色，讨论者对念古文的人投以鄙夷的眼光。"至于说到《新潮》《国民》《国故》的重要编辑人都在同一班，大家除了唇舌相讥，笔锋相对外，"甚至有的怀里还揣着小刀子"，这就有点夸张了。不过，下面这个观察很有趣："当时大多数的先生是站在旧的一面，尤其在中文系。在新文学运动前，黄侃先生教骈文，上班就骂散文；姚永朴老先生教散文，上班就骂骈文。新文学运动时，他们彼此不骂了，上班都骂白话文。"[1]

都是血气方刚的大学生，哪能都像城府极深的政治家那样说话行事，除学术及文化立场外，难免还有意气之争。日后的诸多追忆，越来越理性，越来越"政治正确"，这就有点可疑了。许德珩在1950年代后，不断谈论五四，1979年、1989年两次在《人民日报》发表长篇文章，不全是职责所在，其中也有个人感怀。应母校北大的邀请，许德珩还撰写了长篇自传《为了民主与科学——许德珩回忆录》。就像书名显示的，许先生一生都在追求青年时代的梦想——其对于五四历史的追忆不见得十分可靠，对于五四精神的阐释容有偏差，但终其一生，与五四展开不懈的对话，这点让人感动。自传中涉及五四运动部分，有段话我很感兴趣："因为我们与傅斯年合不来，他们干的事我们不干。……《新潮》提倡

---

[1]　杨振声：《回忆"五四"》，《人民文学》1954年5月号；又见《五四运动回忆录》第260—264页，入集时有删节。

写白话文，我们《国民》就偏用文言体裁发表文章。当然，这与我们的刊物是全国性的有关，因为当时社会上对于白话文还不易接受，但是也含有与《新潮》搞对立的意图。到了'五四'以后，《国民》杂志的文章就改为白话文了。"① 这话有自我辩解的成分，毕竟人家用白话写作在先；可其中透露出来的"意气之争"，确实属于"同学少年"。

在《"五四"偶谈》和《"五四"二十五周年》中，傅斯年称平日不谈五四，因为"我也是躬与其事之一人，说来未必被人认为持平"；对于"社会上有力人士标榜'五四'的时代"，更是不愿附和。明白五四本身的局限性——浅薄乃至偏激，但当有人刻意抹杀时，会挺身而出，捍卫"五四的精神遗产"② ——这或许是很多五四老人的共同立场。

说到五四老人的自我反省，还可举出俞平伯的《"五四"六十周年纪念忆往事十章》。怀念"风雨操场昔会逢"以及"赵家楼焰已腾空"，接下来是将"四五"比拟"五四"，称"波澜壮阔后居先"。最有意思的是第十章："吾年二十态犹孩，得遇千秋创局开。耄及更教谈往事，竹枝渔鼓尽堪哈。"诗后有自注："当时余浮慕新学，向往民主而知解良浅。"③ 除了将宏大叙事转化为私人追怀，更将五四理解为代有传人的"千秋创局"。比起许多政治

①　许德珩：《为了民主与科学——许德珩回忆录》第40页，北京：中国青年出版社，1987年。

②　参见傅斯年《"五四"偶谈》，1943年5月4日（重庆）《中央日报》；《"五四"二十五周年》，1944年5月4日（重庆）《大公报》。

③　俞平伯：《"五四"六十周年纪念忆往事十章》，《战地》增刊第3期，1979年5月。

人物的宏论，我更认同诗人俞平伯的立场：曾经，我们以为五四的支票已经兑现了[①]；后来终于意识到，当初之"浮慕新学"有很大的局限性。但这一点也不妨碍我们对这段"青春岁月"永远的怀想。某种意义上，不仅当年的大学生俞平伯"向往民主而知解良浅"，连大名鼎鼎的教授也好不到哪里去。用今天的眼光来挑剔五四新文化人的诸多毛病，其实并不困难；难的是"同情之了解"，以及批判中的接受与创生。

阅读北大校史资料时，我感触最深的是：同一个中国文学门（系），直接参与五四新文化运动的学生（1916、1917、1918级），明显比此前此后的同学更有出息。为什么？因为有激情，有机遇，有舞台。依我的观察，各大学各院系大都如此。当初的"同学少年多好事"，以及日后的追怀与阐释，成为其不断前进的精神动力。昔日的口号或学说，早就被后人超越了，但那种追求真理的气势，以及青春激情与理想主义，永远值得你我追慕。

最后谈谈四点感想。第一，当事人对于五四的追怀与阐释，既可爱，也可疑；由此建构起来的"历史"，不可避免地隐含着叙述者的政治立场及个人趣味。可也正是这种不断的对话，保证了五四的理想性"代有传人"。诸多北大学生的追忆，构成了"五四传说"的主体；即便如此，决定论述方向的是政党，而不是作为个体的罗家伦或许德珩。令人欣慰的是，北大学生在顺应时代潮流的同时，往往有自己的坚持。

---

① 俞平伯：《回顾与前瞻》，1949 年 5 月 4 日《人民日报》。

第二，当年立场迥异的大学生，本就呈五光十色，日后更是分道扬镳。对于他们来说，这是一个上下求索的时代，很难说谁是主流，谁是支流，谁是逆流。后人在褒奖那些站在舞台中央并收获大量掌声的学生的同时，请对那些处于边缘地带、在聚光灯之外苦苦挣扎的青年学生，给予"了解之同情"。赞美弄潮儿，理解失败者，只有这样，才能构成完整且真实的"历史场景"。

第三，茅盾在《中国新文学大系·小说一集》的"导言"中，曾将新文化运动初期杂乱的文学活动比作"尼罗河的大泛滥"："跟着来的是大群的有希望的青年作家，他们在那狂猛的文学大活动的洪水中已经练得一付好身手，他们的出现使得新文学史上第一个'十年'的后半期顿然有声有色！"[①]引申到政界与学界，何尝不是如此，这次"尼罗河的大泛滥"，日后长期滋养着无数青年，尤其是"近水楼台先得月"的北大学生。但这有个前提，不能满足于"吃'五四'饭"。对于五四，只唱赞歌，远远不够；理解傅斯年和俞平伯的立场，当事人的自我反省以及后来者的批判能力，同样必不可少。

第四，去年的这个时候，我在北大召开的"'五四'与中国现当代文学"国际学术研讨会的开幕式上，说了这么一段话：作为后来者，我们必须跟诸如五四（包括思想学说、文化潮流、政治运作等）这样的关键时刻、关键人物、关键学说，保持不断的对话关系。这是一种必要的"思维操练"，也是走向"心灵成熟"的必由

---

① 茅盾：《〈中国新文学大系·小说一集〉导言》，《〈中国新文学大系·小说一集〉》第8页，上海：良友图书印刷公司，1935年。

之路。[1]

不过，坦白交代，这段话是从我的《触摸历史与进入五四》一书中抄来的。想不出更好的结束语，我只能再次引录，然后添上一句：诸位，请打起精神，竖起脊梁，认真地与五四那个风云变幻的时代以及那一代北大学生展开深入对话。

（初刊 2010 年 5 月 4 日《光明日报》）

---

[1] 陈平原：《触摸历史与进入五四》第 3 页，北京：北京大学出版社，2005 年。

兼及"思想""文采"与"行动"

　　历史上很难见到像五四这样的幸运儿——时间不长、牺牲很小，但影响却极为深远。事件发生的当月，按理说，尘埃尚未落定，可已经有北大教务长顾孟余、学生领袖罗家伦以及著名政论家张东荪分别在《晨报》《每周评论》与《时事新报》上撰文，命名此"运动"，且表彰其"精神"。而从第二年起，北大学生就开始了关于五四运动的纪念、追怀与阐释。此后将近百年，中国社会不断转型，政治形势跌宕起伏，文人学者乃至立场迥异的政治家，从未停止过对于五四的"言说"——尽管结论千差万别，但各方都承认，这是新旧转折时期重要的里程碑。

　　中华人民共和国成立后，每逢五四青年节，《人民日报》等报刊必发表社论或纪念文章，借此不断地与先贤对话。正是这一次次的对话、碰撞与融合，逐渐形成了今天中国的思想格局。近年风气陡变，随着保守主义思潮的迅速崛起，社会乃至学界对五四有很多批评，对此，我们需要做出回应。不管是表彰还是批评，只要能参与当下的社会变革，就是重要的思想资源。在这个意义上，五四仍然活在当下，并没有离我们远去。

　　作为研究对象的五四与作为思想资源的五四，二者互相关联，但并不完全等同。学术界的求真务实，与大众传媒的借题发挥，各有其合理性。即便讲求贴近现实、与时俱进的后者，也请记得，五四是思想的磨刀石，而不是蕴藏无数锦囊妙计的百宝箱。你很难即问即答，有求必应。与其就无数现实问题问计于先贤，不如借助持之以恒的对话，获得某种价值立场与思维方式——这才是五四之所以常说常新的奥秘所在。

所谓五四运动，不仅仅是1919年5月4日那一天发生在北京的学生游行，它起码包括互为关联的三大部分：思想启蒙、文学革命、政治抗议。这是五四最值得注意的一点。日后专业化程度提升，只能在某一方面用功，即便有所斩获，也多是单面向的。自以为聪明的今人，很容易根据自己的专长，挑剔前辈的浅薄、天真与浮躁。其实，五四新文化人那种"铁肩担道义，妙手著文章"的志向，以及兼及文采飞扬、思想深邃、行动果敢的能力，是后世的我们很难企及的。如此三合一，不仅是建功立业的理想境界，也是令人羡慕的生命形态。

将五四确定为"青年节"而不是"文艺节"，正是看重其青春勃发、上下求索的刚毅与雄健。任何时代的年轻人，都是喜欢仰望天空、神游万仞的；而最终能实现当初梦想的，微乎其微。这里有外在环境的限制，也包括自身能力的调动、调适与发挥。只有思想而无行动，容易显得苍白；反过来，只有行动而无思想，则只能是莽汉。至于表达能力，不仅是人际交流的润滑剂，也是其吸引追随者的不二法门，甚至乃自家功业长留天地间的关键。

这是以"新青年"为主体的运动，当初的大中学生，学问及见识远不及蔡元培、陈独秀、李大钊、胡适以及周氏兄弟等，但借此机遇登上历史舞台，日后挥斥方遒，大有成就。因此，不妨暂时搁置师长辈的高屋建瓴，编一册"五四青年"的文集，看看百年前的中国青年是如何苦闷与挣扎、思考与表达的。这对于当下无数拼搏在课堂上以及职场中的年轻人，无疑更具启迪作用。

那是一个重要的精神标杆——时势早已变迁，但其生气淋漓的生命形态，依旧引人驰想与怀念。

（2017 年 5 月 4 日《人民日报》，
刊出时改题《"五四"，永远的精神标杆》）

我的五四之路

三个关键词（KEY WORD）——"关键时刻""触摸历史""思维操练"——是我从事五四研究的基点，既是立场，也是方法。

· 从"触摸历史"到"思想操练"——我看五四及五四研究
· 我的五四百年

从"触摸历史"到"思想操练"

——我看五四及五四研究

　　人类历史上，有过许多"关键时刻"，其巨大的辐射力量，对后世产生了决定性影响。不管你喜欢不喜欢，你都必须认真面对，这样，才能在沉思与对话中，获得前进的方向感与原动力。……对于 20 世纪中国思想文化进程来说，"五四"便扮演了这样的重要角色。作为后来者，我们必须跟诸如"五四"（包括思想学说、文化潮流、政治运作等）这样的关键时刻、关键人物、关键学说，保持不断的对话关系。这是一种必要的"思维操练"，也是走向"心灵成熟"的必由之路——以上这段话，出自本人《触摸历史与进入五四》一书的"导言"。其中三个关键词（KEY WORD）——"关键时刻""触摸历史""思维操练"——是我从事五四研究的基点，既是立场，也是方法。

　　读硕士及博士期间，我的专业方向是中国现代文学，这样的专业背景，促使我长期与五四对话。无论撰写小说史著作《中国小说叙事模式的转变》（1988）、学术史专论《中国现代学术之建立》（1998），还是教育史书籍《老北大的故事》（1998），五四始终是我关注及论述的焦点。只不过我所理解的五四，远不止 1919 年 5 月 4 日天安门前的集会游行，起码包括思想启蒙、文学革命与政治抗争三大块。其大致进程是这样的——酝酿于戊戌变法（1898），得益于科举取消（1905），崛起于《新青年》创刊（1915），成熟于白话文进课堂（1920），国共分裂后"主义"之争凸显，众声喧哗局面结束（1927）。坚持从晚清与五四两代人合力的角度立论，将五四主要理解为"新文化"的"运动"，这一点我和张灏先生的意见比较接近①。

开宗明义专论"五四"的，在我只有以下两本半书。第一，《触摸历史与进入五四》（北京大学出版社，2005 年，2010 年，2018 年；*Touches of History: An Entry into 'May Fourth' China*，translated by Michel Hockx，Leiden，Boston: Brill Academic Publishers，2011），此书的雏形是 2003 年台北二鱼文化出版公司刊行的《触摸历史与进入五四：一场游行、一份杂志、一本诗集》。第二，《作为一种思想操练的五四》（北京大学出版社，2018 年）。前一种属于专著，第二种带论战性质，二书长短及体例不一，只是在将"五四"作为思想的磨刀石这一点上，立场相同。

这里先说那半本，也就是我与夏晓虹合编的《触摸历史——五四人物与现代中国》（广州出版社，1999 年；北京大学出版社，2009 年），此书明年出增订版，现已编辑完成。二十年前，此书甫一出版，我就意识到学生部分相对单薄。全书分"为人师表""横空出世""内

---

① 参见陈平原《"新文化"如何"运动"——关于"两代人的合力"》，《中国文化》2015 年秋季号。

外交困""众声喧哗"四辑，分别谈论老师辈、学生辈、政府官员以及社会各界。虽有傅斯年等十三人作为代表，但与"青年运动"的历史定位相比，分量还是不够。这回增订重刊，我又补了十六篇，兼及政治立场的左中右，还有思想、文艺、学术、出版等不同领域，力图使青年运动的面目更为清晰。书编好了，回过头统计，发现初编十三名学生中，北大占了八个；续编十六位全部属于北大。而总共二十四名北大学生中，国文系十名、哲学系七名，占了绝大多数。也曾反省是不是我的偏见，逐一核查，没有发现大的瑕疵。反过来想，值此风云突变的历史关头，需要的不是理智与学养，而是敏感、担当与表达，这方面国文系、哲学系的学生，比数学系、历史系学生占优势。当然，这也与我长期关注教育史，对北大史料相对熟悉不无关系。

关于五四新文化运动这样众说纷纭的话题，确实是"横看成岭侧成峰，远近高低各不同"。作为研究者，你可以往高处看，往大处看，也可以往细处看，往深处看。我采取的是后一种策略——于文本中见历史，于细节处显精神。在《触摸历史与进入五四》的"导言"中，我谈及，"作为方法的"触摸历史"，"不外是借助细节，重建现场；借助文本，钩沉思想；借助个案，呈现进程。讨论的对象，包括有形的游行、杂志、大学、诗文集，也包括无形的思想、文体、经典、文学场。入口处小，开掘必须深，否则意义不大；不是所有琐琐碎碎的描述，都能指向成功的历史重建"。至于为什么这么做，有新历史主义的影响，但更多的是鲁迅、陈寅恪、钱锺书等人的启示。这点，我在"导言"中老实做了交代，不敢冒充先锋与时尚。

与宏论或通史不同，《触摸历史与进入五四》其实只是集中讨论了一场游行、一份杂志、一位校长、一册诗集、一本小册子，以及若干零篇。最能代表该书治学风格及趣味的，当属第一章《五月四日那一天——关于五四运动的另类叙述》。此章撰写于1999年3月，最初题为《触摸历史与进入"五四"》，提交给政治大学文学院主办的"五四运动八十周年学术研讨会"，收入同年刊行的《五四运动八十周年学术研讨会论文集》。会议是在"中央研究院"召开的，但好事多磨，中间跌宕起伏，我和好几位大陆学者是在会议第二天才匆匆赶到台北的。如此插曲，论文集序有专门的交代，足见话题的敏感以及两岸学术交流之不易。为我的论文做评议的，是"中研院"近代史研究所老前辈吕士朋先生，记得他不吝表彰，对我的研究方法及述学文体多有溢美之词，这对我来说当然是很大的鼓励。

我在《触摸历史与进入五四》英译本序中提及："'五四'之所以能吸引一代代读书人，不断跟它对话，并非滥得虚名，主要还是事件本身的质量决定的。必须承认，一代代读者都与它对话，这会造成一个不断增值的过程；可只有当事件本身具备某种特殊的精神魅力以及无限丰富性，才可能召唤一代代的读者。"实际上，20世纪中国史上，庚子事变、辛亥革命、抗日战争、反右运动、"文化大革命"等也都是关键时刻，只是因有的面向相对单纯，论述思路容易趋同；有的备受压抑，没能得到充分发掘，其思想史意义也就受到很大的局限。在这个意义上，五四运动十分幸运，不仅尘埃未定就被正面命名，第二年起便开始认真纪念，更因立场迥异的党派，虽心里各有盘算，表面上都得赞赏五四青年的爱国热情。因此，可以这么说，这是一个被允许"充分论述"的"关键时刻"——至于做得到做不到，那是另一回事。

这就说到我那册小书——书名《作为一种思想操练的五四》，作者用心昭然若揭。在我看来，五四的重要性在于，第一，形象正面；第二，丰富多彩；第三，意犹未尽——正因历来众说纷纭，方才有不断追忆与阐释的必要性与可能性。

一代代中国人，从各自的立场出发，不断地与"五四"对话，赋予它各种"时代意义"，邀请其加入当下的社会变革；正是这一次次的对话、碰撞与融合，逐渐形成了今天中国的思想格局。这里也包含百年来国共两党对于五四运动阐释权的争夺，如何与一时代的意识形态建构纠合在一起①。也正因此，五四不仅仅是重要的历史事件，更是百年中国读书人重要的思想资源，还是极为活跃的学术话题，甚至可以作为时代思潮变化的试金石。在这个意义上，五四之于我辈，既是历史，也是现实；既是学术，更是精神。

如此常说常新的五四，毫无疑问，容易被"过度阐释"，其中有遮蔽，有扭曲，也有意义转移。你可以赞赏，也可以质疑，但

---

① 参见陈平原《波诡云谲的追忆、阐释与重构——解读"五四"言说史》，《读书》2009 年第 9 期。

最好不要轻言"超越"。1949 年，天翻地覆之际，俞平伯感慨五四新文化人想做的事情，"现在被中共同志们艰苦卓绝地给做成了"；这好比是三十年前的支票，如今总算兑现了[①]。三十年后，俞平伯撰《"五四"六十周年忆往事》（十首）[②]，第十章诗后自注："当时余浮慕新学，向往民主而知解良浅。"比起许多政治人物的宏论，我更认同诗人俞平伯的立场：曾经，我们以为五四的支票已经兑现了；其实，当初的"浮慕新学"与日后的"竹枝渔鼓"，均有很大的局限性。

在《作为一种"思想操练"的"五四"》[③]一文中，我曾谈及：中国人说"传统"，往往指的是遥远的过去，比如辛亥革命以前的中国文化，尤其是孔子为代表的儒家；其实，晚清以降的中国文化、思想、学术，早就构成了一个新的传统。可以这么说，以孔夫子为代表的中国文化，是一个伟大的传统；以蔡元培、陈独秀、李大钊、胡适、鲁迅为代表的五四新文化，也是一个伟大的传统。某种意义上，对于后一个传统的接纳、反思、批评、拓展，更是当务之急，因其更为切近当下中国人的日常生活，与之血肉相连，更有可能影响其安身立命。

明年是五四运动一百周年，无论政府还是民间，都会组织纪念活动。我之所以提前出版《作为一种思想操练的五四》，并举办相关座谈会、出版讨论专辑，是基于我对中国国情以及"五四言

---

① 参见柏生《几个"五四"时代的人物访问记》，1949 年 5 月 4 日《人民日报》。

② 此组诗初刊 1979 年 5 月 4 日《文汇报》。

③ 初刊《探索与争鸣》2015 年第 7 期。

说史"的了解。明年的五四纪念，估计热闹有余而成果欠佳，不太可能取得大突破。既然如此，那就学民间过虚岁，我们提前纪念，起码可以说几句心里话。

[此乃作者2018年12月21日在台北"中研院"文哲所举办的五四座谈会上的发言，后改编为在美国哈佛大学举办的"五四@100：中国与世界"学术研讨会（2019年4月12—13日）上的主题演讲]

[初刊（台北）《"中央研究院"中国文哲研究所通讯》第29卷第1期，2019年3月]

我的五四百年

十五年前，我在《触摸历史与进入五四》的"导言"中称："'五四'之于我辈，既是历史，也是现实；既是学术，更是精神。"这个立场，至今没有改变。这就很能理解，面对"五四"百年这么一个重要节点，我不能不有所表示。可问题在于，该说的以及能说的，我已多有著述，如谈论兴学堂与闹学潮之关系[①]，考究代际交替与学术创新[②]，辨析政治运动与述学文体的张力[③]，研究大众传媒与现代文学之勾连[④]，不敢说有多大创获，但起码认真思考过。因此，轮到纪念五四运动一百周年，在我已经是老狗变不出什么新花样，更多扮演参与者与观察者的角色。

二十年前，我和夏晓虹合编《触摸历史——五四人物与现代中国》(广州出版社，1999年)，十年前，此书由北京大学出版社重刊，只是改正了几个小错误。这回香港中和出版有限公司出增订本，

---

① 《老北大的故事》，南京：江苏文艺出版社，1998年；增订版，北京：北京大学出版社，2009年，2015年。

② 《中国现代学术之建立——以章太炎胡适之为中心》，北京：北京大学出版社，1998年，2005年，2010年。

③ 《触摸历史与进入五四》，北京：北京大学出版社，2005年，2010年，2018年；英译本，Leiden，Boston：Brill Academic Publishers，2011。

④ 《"新文化"的崛起与流播》，北京：北京大学出版社，2015年。

我决定小修大补——原书虽选择了傅斯年等作为代表，但学生部分还是显得单薄。新增十六篇谈五四时期的北大学生，与原先"横空出世"辑的十三文合观，兼及政治立场的左中右，还有思想、文艺、学术、出版等不同领域，这场"青年运动"的面目方才显得丰满。

应台湾大块文化的邀请，我与早年学生季剑青合作，编一册《五四读本》。为什么采取这么一种纪念形式？我在序言中称："一次次带有仪式感的五四纪念，自有其社会动员与文化建设的意义。但我以为更重要的，还是阅读当年那些核心文本，经由自己的独立判断，与历史展开深入对话；而不是人云亦云，记得某些标准答案。"十多万字的"读本"，主要面向公众，学术上不可能有什么创见，但一编在手，能大致呈现那个风云激荡的时代，也自有别样的意义。

去年 5 月，我提前在北京大学出版社推出《作为一种思想操练的五四》，算是给五四百周年过虚岁的生日。该书并非材料丰富、立论谨严的史著，而是单刀直入、带论战性质的评论，目的是勾起读者对五四的兴致，进而阅读、思考与论辩。书出版后，北大人文社会科学研究院组织了专题讨论会[1]，同人意犹未尽，各自将发言稿整理成文，刊《文艺争鸣》2018 年第 9 期。此专辑共十文，包括我的《为何必须不断与五四对话》，各有长短，但都感慨遥深。

---

[1]　参见李浴洋《对话"五四"：理解历史与关怀时代——陈平原新书研讨：思想操练的迫切 压在纸背的心情》，2018 年 6 月 30 日《北京青年报》。

比起以上编著来，我更想谈的，是今年参加的三个纪念五四运动一百周年的学术会议。五四百年纪念，中外学界有很多活动及著述，限于个人的行程及学力，我只能蜻蜓点水。

某种意义上，五四的历史地位是北大师生做出来的，也是他们说出来的——1920 年起，连续六年，每到 5 月 4 日，北京的《晨报》必出纪念专刊，作者绝大部分是北大师生。国民政府定都南京后，出于对青年学生政治激情的恐惧，制止举办五四纪念活动；唯独北大师生不理睬这一禁令，依旧我行我素。正因这种长期坚持，谈论五四运动，似乎成了北大师生的"徽记"。1979 年 3 月中国社会科学出版社刊行《五四运动回忆录》上下两册，11 月刊行《五四运动回忆录》续编，谈论五四运动在北京的，三分之二是北大师生所写。如今，纪念五四运动一百周年，不管外界态度如何，北大责无旁贷。考虑到春光明媚的 4、5 月重要活动很多，同人商议，选择 3 月底这个乍暖还寒的时节，以我们自认为恰当的形式纪念五四运动一百周年。

3 月 30 日在北大举办的"五四与现代中国"学术论坛，分上下两场，下午是分论坛，有十七篇论文发表；上午的"主题论坛"包括六位演讲人——北京大学陈平原、日本京都大学狭间直树、四川大学罗志田、美国哈佛大学王德威、英国剑桥大学方德万（Hans van de Ven）以及台北"中研院"史语所王汎森。作为主人，我演讲兼司仪，其他五位按年龄排列。以我多年参加学术会议的经验，若珠玉在前，主持人还在后面絮絮叨叨，不管复述还是评论，都是对听众智商的侮辱。我不做这种讨人嫌的事，所谓"引言人"，就是报幕，引出精彩的发言人。会前三天才在网上发布电子海报，很快就有两万多的阅读量。听众与讲者都很配合，我等也都不辱使命，总算圆满完成任务。媒体不宜过分渲染，可学者的声音也自有其价值，于是请各位主讲人删繁就简，做成一专辑，交《探索与争鸣》5月号刊出。至于我自己的文章《危机时刻的阅读、思考与表述》，此前交给了香港的《二十一世纪》双月刊，将刊4月号。

比起北大会议的过分沉重，半个月后（4月12—13日）在美国哈佛大学举办的"五四@100：中国与世界"学术研讨会，可就轻松多了。会议由哈佛大学王德威教授和卫斯理学院宋明炜教授合办，设置了两个主题演讲，12日上午是海德堡大学瓦格纳教授的《重建五四场域：交流、宣传与国际参与人员的作用》，13日上午是我的《从"触摸历史"到"思想操练"——我看五四及五四研究》。众多论文分六组发表，此外还有两个圆桌会议，一是年长一辈谈"五四不是昨天"，一是"新青年"说"五四如何超越"。印象深刻的，还有组织者精心策划，命题作文，邀请日本、韩国、新加坡、马来西亚，以及中国台湾、香港等地学者，谈论五四运动在东亚各地的影响、对话与传播。

相对于大名鼎鼎的哈佛大学，号称"南方哈佛"的莱斯大学（Rice University），位于美国第四大城市休斯顿，并不是东亚研究的重镇，这回出人意料，在该校赵氏亚洲研究中心的支持下，召开了"五四运动新视野"研讨会。会议规模不及北大及哈佛，总共发表司马富（Richard J. Smith）、钱南秀、夏晓虹、陈平原、赵沈允、杨联芬等人六篇论文，有四十多位师生"共襄盛举"，这对于莱斯大学来说，已经很了不起了。考虑到讲者及听众的语言能力，钱南秀教授事先将各自的 PPT 做成中英双语，这样节省时间，且效果很好。准备会议发言，我颇有心得，干脆写成《新文化运动中"偏师"的作用及价值》，交给《北京大学学报》发表。

大概是心有灵犀一点通，为纪念五四运动一百周年，过去一年半载，国内外大学不知有多少以五四为主题的选修课。我是上学期在北大讲授，王德威则是这学期在哈佛开课。在王教授 4 月 29 日的最后一讲上，我应邀谈《五四的正面、背面与侧面》，把那些意犹未尽的思考以及压在纸背的情绪，与年轻一辈学者分享。

还是此前讲过的，对于今天的中国人来说，五四既非榜样，也非毒药，而更像是用来砥砺思想与学问的"磨刀石"。每代人都有自己的问题意识，也都有独特的发现与遮蔽，一百年的"五四纪念"，其得失成败本身便值得关注。基于个人经验及考察，我对今年轰轰烈烈的五四运动百年纪念，有如下四个担忧——一怕成长在太平盛世的年轻一辈，无法接受五四新文化人那些"危机时刻的阅读、思考与表达"；二怕年复一年大张旗鼓的纪念活动徒具形式，变得日益口号化与空洞化；三怕学界就事论事，没能拓宽视野，在理论上有所提升；四怕成为纯粹的书斋学问，没能因应时代话题，也无法介入现实生活。毕竟，五四研究与当代中国政治以及中国人的精神生活密切相关。

落日余晖中，漫步在查尔斯河畔，遥想百年前北京街头新文化人的英姿，只有心向往之而已。比起诸多才华横溢或居高望远者，这点工作实在不算什么；可在我，已算尽力而为了。

至此，我的"五四"百年纪念，总算告一段落。

2019 年 4 月 21 日于休斯顿旅次

（初刊《国是咨询》2019 年第 6 期）

附 录

与五四对话

——答《光华杂志》张静茹问

即便今天人们对五四那一代人有所批评，但我对五四人物仍怀有温馨感觉，特别在 1978、1979 年，大陆由"文革"中走出来，长期与西方思想隔膜，怀念五四开放精神，怎么回到五四，是很真切的问题。因此，1970、1980 年代学界受五四影响特别深，对五四的认同感特别强。

但 1980 年代后期有一些改变，对改革开放后热情拥抱西方、归咎传统，出现《河殇》这样强烈批判传统的作品，大家的理解逐渐不同。1989 年是五四七十周年，许多人有了心理准备，慢慢在进行调整、反思，准备和五四重新对话，清理五四时代对中、西文化的看法。但此后形势急转直下，加上学理上缺乏很好的准备，因此，拟想中的与五四对话，不得不草草收场。1990 年代后，学界出于自觉的反省，知道以西学剪裁中学、将西学直接植入中国土壤是有问题的，因此，不再那么盲目谈西化。

若说 20 世纪六七十年代是伟大领袖毛主席教导我们该如何如何，1980 年代就是马克斯·韦伯、海德格尔怎么怎么说，1990 年代呢？学界普遍希望直接面对中国问题，但可以借重西方的思路进行研究。

博古通今

我的博士、硕士论文研究的是 20 世纪的中国文学，它让我更多接触五四。我对文化、学术的思考，也常是从回答五四问题开始。

五四以来，中国引进西方注重专家之学的教育制度，在发展中国现代学术的同时，也留下不小的后遗症。比如我自己，谈论 20 世纪中国文学时从晚清讲起，这已经算是"眼界开阔"了。可这仍等于将中国文学只裁一段，就算讲说得"头头是道"，其实还是有问题的。今天做学问的人，常是通古的不通今、通今的不通古。我想，只有血脉贯通，接上先贤的思想，才能全局在胸，讨论具体问题时，也才能高屋建瓴。

今天要超越五四时代的文学论述，不能不理解西方的文学概念，但也要理解中国传统文学思想。胡适先生说《儒林外史》写得不好，因为他以西方 19 世纪巴尔扎克的写实小说来理解中国文学。但我要套用清人的说法：以写实故事来看《儒林外史》的，只能算是呆汉。《儒林外史》是一篇大文章，以文章结构来看，是上好的佳作。

今天文学界习惯以西方文类概念来整合中国文学，因此出现西方文类概念无法解释的问题。例如过去受西方冲击，从章太炎、苏曼殊、胡适、闻一多、林庚一路问下来：中国的史诗在哪里？有人由《诗经》找片段，组合起来，认为是中国的史诗。但我认为，那可能是在寻找本来就不存在的东西。追问古代中国为何没有规模宏大的史诗，在我看来，是伪命题。需要追问的，应该是：为何中国人不要史诗，反而从杜甫到黄遵宪，把叙事给诗情化，因而有源源不绝的"诗史"？

若以西方文类比附，中国的"散文"也是个无法说清楚的概念。人们误以为散文就是古文，我说不是。整个中国文学的定义与西方不同，古代中国文体众多，书、记、论、说、题跋、墓志，在中国文学史上均有重要意义；笔记的概念，更难译成英文。比如《东坡志林》，难以现代文学概念来界定。以西洋既有的文类来检查中国已有的文学传统，这一思路显然是有不足的。

鹦鹉救火

因此，我更强调中国学者做学问的方式、写文章的体例。在中国古代，学术论著也是文章，具备审美性质，即使清代章学诚的《文史通义》，或者鲁迅的《中国小说史略》，既是学问，文章也非常漂亮。我希望自己有三支笔，专业论文之外，有散文随笔，然后介于庄重论文与潇洒随笔之间，也写一些既可读、又有学术分量的文章，例如，我有一些谈论教育、学术制度看法的文章。

我承认，今天东、西方政治经济不平等，导致文化交往中的不平等。但交流依然存在，我承认落差，关键是保留自己立场，扎稳自己根基。

胡适办《努力周报》《新月》《独立评论》等，引"鹦鹉救火"以述志。鹦鹉翅膀沾水救火，力量微弱，可还是不肯放弃，这是一种意志、一种情怀。另外还涉及一种政治理念，无论正邪的"大火"，都无法彻底解决社会问题。胡适知道，不是"烧了一个旧世界，就会出现一个新世界"。谈论社会人生时，胡适或许不如鲁迅深刻。而且，批评者的言论，对后世更有感召力，因为所有人都对现实不满。但胡适和纯粹的思想家不同，他还是建设者，力求介入当下。当他面对实际问题时，最大的困惑和挑战是，如何一面考虑到现实，一面仍不断往前走。他与章太炎、鲁迅，是晚清到五四时代我最欣赏的人物。

回到哪里？

延续五四以来的文化走向及挑战，1990 年代大陆有另一波文化策略，即大谈复兴国学。对此，我持保留态度，原因是"国学"这一概念先天不足，后天失调。在许多人眼中，国学与西学相对立，是"纯粹"的中国文化。但中国文化本来就不纯粹，魏晋、明代都有外来文化融入。

这十年，我做学术史研究，触摸、理解这一世纪中国学术走过来的历程，已不太能接受"复兴国学"这样的概念，因为即使对这一世纪的反传统有强烈的批判，中国人也不可能回到上一世纪，回到五四新文化运动之前的中国文化。况且，1950 年代以后大陆已无国学课程可言。国学中最重要的经学，分散在哲学、历史、语言、古文献等课程中教授。因此，别说发展，继承国学都有问题，还得先把国学这个血脉找回来，不"继往"，如何"开来"？

不能忽略中国这百年走过来的艰辛历程。这百年，值得反省的东西太多了，一笔抹杀不是好办法。我不主张回到国学传统，更反对以国学对抗西学，乃至完全漠视西方。当然，这牵涉到专业研究领域的差别，需要仔细分梳。但即使做中国古史研究，学术的国界也逐渐被跨越。过分固守其实有困难，真作论文，无人可以摆脱清代之后引进的那一套学术思维及表述方式。

极端保守或极端激进的人，都极力嘲讽西方的文化霸权。反霸权，这没错，问题是我们要回到哪里？难道只是在学校里补充大量琴棋书画诗文歌赋？对计算机专家、物理学者或工程技术人员怎么办？这样的知识结构，在传统中国文化中是不能想象的。因为，过去是培养有教养的士大夫，而非专业人员。今天学科发展那样繁密，不可能一夜之间回到传统书院、旧学模式，也不应该改变所有结构，只有采取若干补救措施。近年北京大学考虑到理科学生语言及文化修养太差，恢复教授大一国文，这也是意识到现代学术分科产生的问题。

不摆姿态

文学史是我最早入门之处，是我学术上的根据地，但这几年，由文学史扩及学术史、教育史。最近特别尝试清理传统书院与现代教育的问题。晚清接受西方教育制度，理由是传统书院难以培养科学人才，因此，需要推行新式教育以富国强兵。当时，一种声音是保留旧学推广新学，一种声音是完全取消旧学，全部改成康梁想象中的西式学堂。到了三四十年代，中国只剩少数书院，如章太炎的国学讲习会、唐文治的无锡国学专修学校、梁漱溟的勉仁书院等。马一浮办复性书院，还主张学生不应该为学位读书，而且追问：你看过程朱陆王给弟子发学位文凭吗？

1950 年代以降，帝国主义被赶跑了，私人资本被没收了，没有私人书院、学校，教育"统一"在国家政策之下。我认为，思想的一统化根源于教育的一体化，所谓文化多元要由教育多元开始。我之所以尝试清理中国的教育史，其实蕴含着某种文化理念。我当然意识到教育制度不可能回到私塾，但想看看传统教育精神可以在现代化中如何发挥作用。我对传统中国的借鉴，是文化及精神的，而非具体的治国方略或救世灵丹。从文学史、学术史、教育史三者的互动中，思考中国文化的得失与走向，而不仅限于具体的体例、著述、学科、姿态。

作为研究策略，我认同直接面对中国问题，但不愿封闭与西方的接触。不过，只给西方理论作脚注，在搬运西方理论中博得满堂彩，我也没兴趣。当然，也不愿穿长袍马褂，摆出一副"继绝学"的文化姿态，若真对中国学术、文化有情感、善体贴、能认同，不在乎外在姿态。

我虽不愿将学术追求化成某种姿态，但我自己的趣味与此一文化传统贴得太近了，虽有许多不满，仍然必须承担，与"爱国主义"等大题目无关。这样的精神生活我喜欢，这是个人选择。文化人可以选择最适合自己的方式，关键是必须能够进入某种境界，但若要说对中国文化有建设意义，我认为，志于道，游于艺，值得宣扬。在做学问的生活中能够得到乐趣，学问和生活融为一体，自然而然就会开出效果。

（此乃张静茹采访整理稿，初刊台北《光华杂志》1999 年 7 月号，原题《与五四对话——陈平原》）

年长一辈应为后来者搭建舞台

——答新华社记者任沁沁问

新华社：五四已经过去 96 年了，我们每年都在纪念五四，为什么？五四对今天中国有什么影响？

陈平原：五四无疑是幸运的——在当事人的不断追忆中，竟然如此迅速地经典化了。1919 年 5 月，运动还在进行中，北大教授及学生就在南北报刊上发表总结性文章，为五四运动命名，且大力表彰"五四精神"，如顾孟余的《一九一九年五月四日北京学生之示威活动与国民之精神的潮流》、罗家伦《"五四运动"的精神》、张东荪《"五四"精神之纵的持久性与横的扩张性》等。第二年起，每年五四前后，北京学界及媒体都会组织专门的纪念文章。而从 1939 年陕甘宁边区将五四确定为"青年节"，到中国共产党掌握政权后，将纪念五四上升为一种政府行为，每年的庆典仪式及领导讲话，甚至体现了某种"政策导向"。我曾借助 1949—1999年间《人民日报》每年发表的五四社论，看史学论述如何与政治风云纠合在一起，构成了一道隐含丰富政治内涵的文化景观。①

但是，连续不断的大规模纪念，也会造成某种审美疲劳乃至

---

① 参见收入本书的《波诡云谲的追忆、阐释与重构——解读五四言说》，初刊《读书》2009 年 9 期。

逆反心理。作为人文学者，我不希望原本生气淋漓的五四，最终被简化成一句激动人心、简明扼要的口号。我之撰写《触摸历史与进入五四》（北京大学出版社，2005年），目的是让五四的图景在年轻人的头脑里变得"鲜活"起来。在此书英译本序中，我说了这么一句话：回过头来看，20世纪中国，就思想文化而言，最值得与其进行持续认真对话的，还是五四。

新华社：中国大学和国家民族的命运之间，有什么关联？当今大学，应该从五四时期的北大身上，传承什么？

陈平原：几乎从一开始，北京大学师生就主动认领了这份光荣，即便是国民党当局强力压制下，也都每年举行纪念活动。可以这么说，五四确实是北京大学的"精神烙印"。一代代北大青年学生，不管做得到做不到，都会高举五四的旗帜。可另一方面，这一论述略有偏颇——即便局限在5月4日走上街头抗议巴黎和会的山东问题决议及政府外交政策的3000多名大学生，也都是来自不同学校；北大学生是整个学潮的积极推动者，但不能独占这份荣耀。

对于一所大学来说，能在如此重要的历史转折关头，深刻影响其进程及方向，这可是千载难逢的。如此机遇，岂是多少科研项目或诺贝尔奖得主所能比拟的。正是在此意义上，北大百年校庆期间，我说过一句很有名的"大话"："北京大学在人类文明史上的贡献，超过世界上很多一流大学。"很可惜，这样的机会此后再也没有出现，以致百年后的今天，北大人依旧只能诉说五四的光荣与梦想。

我承认，目前中国大学的教学及科研水平无法与世界一流大学比肩；但我反对因排名靠后而丧失自尊与自信。在我看来，大学不仅生产知识、培养学生、出科研成果及学术大师，还应该有批判精神与思想力量，能够主动介入当下中国的社会变革。几年前我曾撰文，抱怨"改革开放三十多年，若讲独立性与自信心，中国学界不但没有进步，还在倒退"①。自然科学我不懂，中国的人文及社会科学界之所以变得日渐保守，缺乏思想性与冲击力，其中一个重要原因是，现有的评价体系注重积累，强调"接轨"，越来越讲究规矩与数字，排斥"叛逆""野狐禅"与"胡思乱想"。这里不说"求是"与"致用"之争，单从专业角度着眼，完全"躲进小楼成一统"，对于人文学者来说，也都不是理想状态。

新华社：您认为那一代青年，他们引领一个民族走上现代化道路，也为民族发展提供了新的精神元素。而当代青年面临的时代条件与五四时有何不同？当代青年如何承继五四精神，超越自身的不足？

陈平原：学界论及五四运动，多从蔡元培、陈独秀、李大钊、胡适、钱玄同、刘半农、周氏兄弟等名教授说起；这自然没错，可有一点不能忘记：这是一个标榜"新青年"的运动，大学生的作用不可低估。几年前，我在《年轻的"五四"》中谈及："当今中国学界正处在一个转型期，需要我们打起精神，竖起脊梁，与'五四'展开认真深入的对话。在这方面，我们需要推崇教授

---

① 《如何建立中国大学的独立与自信》，2012年5月16日《中国青年报》。

们的'铁肩担道义，妙手著文章'，更需要呼唤大学生的理想主义及求索精神。"①

毫无疑问，今天青年所面临的处境，与五四时期有很大的差异，无论褒贬抑扬，均不能生搬硬套。还是从五四说起——名为学生运动，指引方向并提供思想原动力的依旧是"导师"。可随着时间的推移，学生一代逐渐成长，在长辈搭建的舞台上纵横驰骋，最终成就了自己的一番事业，甚至在许多方面超越了师长一辈（无论政治、学术还是文学创作）。说这句话，有两层意思：第一，不该用眼下正在学校念书或刚刚走出校门时的表现来评价一代青年的得失，借用毛泽东的诗句，"风物长宜放眼量"；第二，年长的一辈应追问自己是否为后来者搭建了更好的舞台，而不是抱怨"一代不如一代"。

新华社：恩格斯说，青年的性格就是时代的性格。大变革时代，社会流行价值和主导价值似乎发生了一些偏差，实利战胜了理想。我们应该回归传统，还是面向未来？

陈平原：一代人有一代人的舞台、责任与命运，有时强求不得。生活在风云突变的时代，青年因其敏感与胆略，容易脱颖而出；而太平年代的青年，一切按部就班，施展才华的时间相对推后，表演空间也明显缩小。这是没有办法的事。五四时期的英雄，放在另一个时代，很可能"出师未捷身先死"。长期研究五四

---

① 2009年5月4日《人民日报》。

新文化，且经历过 1980 年代思想潮流的激荡，我对当下青年的世俗化倾向有深刻的体会。但另一方面，我对此并无苛责。对于今天中国的大学生不再"仰望星空"的说法，我不太认同；以我在北大教书的经验，青年学生依旧是最具理想性的群体，只不过社会并没有提供合适的宣泄激情、表现责任感与想象力的机缘。

谈论今天中国的大学生，之所以有那么多负面印象，与传播媒介和发言姿态有很大关系。任何时代，先知先觉、精英分子、高屋建瓴、献身精神，全都只能属于少数人。我们阅读历史文献，得到的是那些有能力发出声音且经得起时间淘洗的人物；而在高等教育大众化的时代，全民借助网络发声，各种奇葩说法层出不穷。若你以为网络上的言论便代表主流民意或中国未来，那你就大错特错了。

借用鲁迅"中国的脊梁"的比喻，今日中国，依旧"有埋头苦干的人，有拼命硬干的人，有为民请命的人，有舍身求法的人"（《中国人失掉自信力了吗》）——这里包括无数可敬可爱、"位卑未敢忘忧国"的青年。长辈或执政者的首要任务是，让遮天蔽日的浮云，"也往往掩不住他们的光耀"，而不是一味指责与抱怨。

（初刊《新华每日电讯》2015 年 5 月 4 日，原题《陈平原：年长一辈应为后来者搭建舞台》，又见新华网 2015 年 5 月 3 日，题为《变革时代呼唤理想主义和求索精神——对话陈平原》）

新文化运动是一个播种的时代

——答《凤凰周刊》记者徐伟问

　　一百年前的新文化运动，是由一本杂志及其主创人员引领的，那是一个报刊尚为新生事物的时代，也是一个民智未开等待启蒙的时代。《新青年》的创刊，既顺应时势潮流，也为潮流推波助澜，它成为文学、礼教、宗教、伦理、婚姻、贞洁、戏剧等一系列文化议题的主导者与参与者，通过设置议题、激发讨论、传播常识，开启了一场震古烁今的文化启蒙运动。

　　在清末民初的报刊热潮中，《新青年》为何能一枝独秀，成为潮流的引领者，受到智力、主张、文本、策略等多方面因素的影响。著名学者、北京大学中文系陈平原教授在新著《"新文化"的崛起与流播》中，将《新青年》置于报刊大潮中进行考察，从大众传媒的视角，分析文化的生产机制与传播方式，将人们的视野拉回现场，对于《新青年》和新文化运动的解读，得以更接近历史的真实面目。

"新文化运动"由何而来？

记者：今年，学界隆重纪念新文化运动一百周年，但对新文化运动是否应该以 1915 年《青年杂志》创刊为起点，似乎仍存争议，您如何看待？

陈平原：关于新文化运动的起点如何界定，取决于论述者的理论预设和学术视野。历史事件和运动趋势是两回事，要认定某个历史事件的发生时间，比如《青年杂志》创刊或陈独秀担任北大文科学长，那很容易，因这个时间点是明确的；但像新文化运动这样具有趋势性的社会思潮，对其如何起承转合，需要视谈论的内容和解释的方向而定。

比如，谈五四运动和新文化运动是不一样的，前者偏重于政治抗争，论述者会强调其从思想启蒙到文学革命再到政治抗争的全过程。而谈新文化运动，一般会从 1915 年《青年杂志》(《新青年》前身) 创刊或者 1917 年白话文运动兴起算起。

不过，我个人的学术立场会和很多学者不一样，在《触摸历史与进入五四》的"导言"中，我曾强调晚清与五四两代人的合力，共同促成了新文化运动的成功。从戊戌变法到 1920 年代中期，思想的、语言的、文体的、媒介的、教育的一系列变革，构成了我们今天所说的新文化运动。启蒙思想家有意识地借助大众传媒来改变中国，是从戊戌维新开始的。当然，在此之前已有报刊出现，如王韬在香港办《循环日报》等，但那时还没有形成大的思潮。

记者："新文化运动"作为一个概念被提出，据可查文献，最早是什么时候？

陈平原：我没有做过全面检索，不能确认谁最早使用"新文化运动"这个词。但是，我们可以看到，1920年陈独秀在《新青年》上发表《新文化运动是什么？》，专门谈这个问题。此时，"新文化运动"这个词已经很流行了，陈独秀只是赞成而已。五个月后，胡适发表公开演讲，干脆拒绝自己从事的就是"新文化运动"。鲁迅也曾在《热风·题记》中提及，"新文化运动"这个词是外人给取的，最初甚至不无嘲讽的意味。只是新思潮的力量越来越大，这个词逐渐普及，最后连胡适本人也都接受了。因此，即便我们把20世纪最初二十年的报刊全部检索一遍，寻出谁最早使用这个词，也都意义不大。关键是辨析这个词的具体内涵，以及推动这个词流通开来背后的力量。

大众传媒视角里的《新青年》

记者：您在新著《"新文化"的崛起与流播》中，将《新青年》放在清末民初的报刊大潮中讨论，特别强调其"大众传媒"的性质，选择这样的视角用意是什么？

陈平原：今人谈论《新青年》的时候，容易走向神圣化和污名化两个极端。在我看来，必须将它还原为一本杂志，才能对其准确定位，明白其文章的特点和用意，并对其不足予以同情之理解。

　　包括陈独秀在内，几乎所有主要作者，在介入《新青年》事业之前，都曾参与报刊这一新生的文化事业，并多有历练。如陈独秀办《安徽俗话报》、蔡元培办《警钟日报》、吴稚晖办《新世界》、章士钊办《甲寅》、钱玄同办《教育今语杂志》、李大钊编《言治》、周氏兄弟为《河南》《浙江潮》《女子世界》撰稿并积极筹备《新生》杂志。《新青年》的作者群及编辑思路，与《清议报》《新民丛报》《民报》《甲寅》等清末民初著名报刊，有着千丝万缕的联系。故而，我们今天重新评估《新青年》，首先必须将其还原为一本报刊。

　　清末民初迅速崛起的报刊，已经大致形成商业报刊、机关刊物、同人杂志三足鼎立的局面，而《新青年》正是同人杂志的最杰出代表。以北大教授为主体的《新青年》同人，是一个有共同理想，但又倾向于自由表述的松散团体，他们借报刊为媒介，集合同道，形成某种"以杂志为中心"的知识群体。后来，"同人杂志"已超越一般意义的大众传媒，兼及社会团体的动员与组织功能。世人心中的"《新青年》同人"，已经不仅仅是某一杂志的作者群，而是带有明显政治倾向的文化团体。

　　记者：在当时的报刊潮中，《新青年》能脱颖而出并引领新文化运动的关键原因是什么？

　　陈平原：在清末许多早期启蒙者的论述中，我们已经能找到民主思想的萌芽，但是，出现思想萌芽与形成一种文化思潮，不是一回事。新文化运动并非某一个人的奇思妙想，或偶然出现的一篇好文章，它包括旗帜的高扬、同道的呼应、社会的接纳、读者的追随，这些合在一起才能够构成所谓"运动"。

《新青年》之所以能在众多杂志中脱颖而出，关键在于和北京大学结盟。《新青年》影响最大的时期，是中间的第3卷到第7卷，那时候，绝大部分稿件出自北大师生之手。最开始的两卷虽也有一定影响，但它之所以能风靡全国知识界，很大程度上是因其与北大结盟。在结盟前，其作者群主要是陈独秀的《甲寅》旧友，结盟后则基本上是北大师友；结盟前，其发行陷入危机，结盟后发行量陡增到1.5万份，除了社会影响巨大，本身还可以盈利。到第4卷之后，甚至对外宣称"不另购稿"，也就是说，对于世界、时事、文学革命或思想启蒙等各方面议题，其同人作者群都能完成。与北大结盟后，《新青年》的整个学术影响力和思想洞察力，得到迅速提升。所以说，陈独秀的北上是关键一步。

记者： 与一般的时评杂志相比，《新青年》有何突出特点？其所发起和主导的白话文运动、孔教、礼教、戏剧、婚姻等问题讨论，都是当时急迫的社会热点问题，这些议题产生的背景是怎样的？

陈平原：《新青年》的突出特点，在于它比别的时评杂志更有学问，但杂志本身又是直面当下的。当时所有重要的社会议题，《新青年》都有所涉及，他们把学理和大众需求很好地结合在一起。

读书人参与时代议题，可通过演讲、著述、教书或与大众传媒结合等形式。陈独秀曾说过，他办杂志有两个特点：第一，"有一种主张不得不发表"，第二，"有一定的个人或团体负责任"。前者凸显同人杂志的精神，后者则指向同人杂志的形式。既要有学问，又要愿意跟公众对话。当时社会上出现的称帝问题、妇女问题、孔教问题等，都是沿着这个思路被提出来加以探讨的。

我所强调的，要从杂志的角度来理解《新青年》，还包括理解其表述的"极端"与"过激"。不是今天，当时就有人批评《新青年》"好骂人""说话太极端"。实际上，《新青年》同人自己也意识到了这个问题。不过，如果我们从杂志经营的角度考虑，就会明白这正是大众传媒的特点。杂志不是结构严谨、论证充分的著作，也没希望"藏诸名山，传之后世"，而是要每时每刻都面对公众，回应当下的热点问题。而大众传媒要想吸引尽可能多的读者，夸张的语调、杂文的笔法，乃至"挑战权威"与"过激之词"等，都是必不可少的办刊策略。当时的情形，一是国势危急，时不我待；二是大家都还没掌握好大众传媒的特点，说话容易过火。至于《新青年》迅速崛起，不可避免地对他人造成压迫，打破了原有的平衡，对其"垄断舆论"的批评，需做具体分析。

记者：从当时的销量来看，《新青年》并不是销量最大的媒体，鲁迅小说的发行量甚至不如张恨水的小说，但为何《新青年》会成为新文化运动的主阵地？其主要撰稿人会成为运动领袖？

陈平原：谈论文学史或思想史上的影响力，不能单纯从销量来判断。在我看来，有两种读者，一种是一般读者，其购买和阅读，乃纯粹的文学消费；另一种则是理想读者，他们不只是阅读，还批评、传播、模仿、再创造。当年张恨水的读者确实比鲁迅多，但这只是短时间内。因为，他们的读者素质是不一样的，鲁迅的读者有评论、传播以及模仿写作的能力，而张的读者只是将其当消遣读物。

另外，鲁迅等人的小说和散文，发表两三年后就可能进入了中小学教材，或被选入各种选本，很快形成巨大的影响力。张恨水的小说从来没有进入中小学教材，差别就在这。谈影响力，不能只看图书销量，必须把教育考虑在内。除了中小学教材，大学里的课堂讲授，集体住宿制度，还有社团活动等因素，都使得同样一本书，卖给一般市民与卖给大学生，传播的广度与速度是不同的。因此，我才会特别强调《礼拜六》和《新青年》的读者构成不同，直接影响其传播效果。

也谈新文化人的学养问题

记者： 过去，我们一直认为新文化运动的两个旗帜是"民主"与"科学"，但学者秦晖提出，新文化运动领袖们真正谈民主共和、宪政法治的很少，更多的是谈个人的独立自由和思想解放，这与他们主要是留日有关，在学养方面可能存在不足，您如何看待？

陈平原： 其实，应该这么提问，为什么那时的读者对宪政法治之类的话题不太感兴趣，而更关心个人的独立与自由？某种程度上，主要不是作者的学养，而是读者的趣味和接受能力决定了杂志的编辑方向。我们不能用今天专家的眼光来苛求当时的作者与编辑。其实，这些问题都有人谈过，但不受关注；而没有进一步的追问，也就难得深入展开。虽然陈独秀说过，办刊必须"有一种主张不得不发表"，但杂志多少还是受制于读者的能力和趣味的，当主编的，会根据读者反馈不断调整议题和编辑策略。

此外，五四新文化人和1930年代以后的读书人最大的区别，是他们不够"专业化"，其趣味接近于百科全书派，什么都知道，什么都感兴趣，什么都想学，但不是某一个特定领域的专家。专业化是1930年代以后的大趋势，如果用专门家的标准来评价晚清和五四两代学人，那会不准确的。那个时候的读书人，饥不择食地吸收各种知识，他们读书不是为了拿学位，撰稿也不是在做博士论文，学到了新知，赶紧用它来改造中国。如此学以致用，不免急功近利，读歪了，或解偏了，那是很正常的事。

至于说整个作者群的知识结构是什么样子，可以这么说，我们今天的学者，学养大都不如晚清及五四的新文化人。我们确实受过很好的学术训练，但只知道自己专业领域的那一点东西，只能做一些专家之学；专业以外，若需发言，往往捉襟见肘。某种意义上，五四新文化人是开疆辟土的一代，而我们基本上是守成，做些局部的调整或反拨，意义是不一样的。

另外，我们必须明白当时读者的水平，他们需要什么样的东西，这才是我们理解杂志的关键。杂志编辑乃作者和公众之间的一座桥梁，作者立意太高，那就压一压；读者水平太低，那就提一提。为什么《新青年》谈法治、谈宪政的文章很少，因这类话题当时不太受关注；为什么谈婚姻、谈贞洁能引起全民大讨论，因那是广大读者的切身体会。成功的杂志，毫无例外的，作者和读者必须不断地相互调试。

记者：可见，新文化运动之所以能兴起，与其注重与大众的结合互动，并在语言和文本上进行改革有莫大关系，而此前维新派的思想萌芽，还是停留在知识精英阶层，未能形成大的社会思潮。

陈平原：形成思潮是有条件的，不只是见解高低的问题。某一个时期，若大家都在关注某个话题，那必定是有原因的，不会是偶然的。有一些话题，确实是主编预先设计的，但操纵得动操纵不动，除了主编及作者自身的才华，还牵涉读者的接受能力。

一百多年后，我们回头看晚清及五四的报刊，还会有新鲜感。因为，那时的新文化人，几乎把每个有趣的话题都提出来了，但每个问题都没说透，遍地开花，却很难结果。必须等后来者追上来，在遍地野花中选择一朵，摘下来，插在头上，再继续往前走。所以，新文化运动是一个播种的时代，不是一个收获的时代，不应该用今天"典藏"的标准来衡量当时的作品。他们播下那么多种子，良莠不齐，过了三四十年甚至一两百年，我们不断跟他们对话，调整自己的方向与步伐，真正收获的，应该是聪明且勤奋的后来者。

记者：一百年后的今天，我们来回顾和纪念这本杂志和这场运动，其主要价值和意义是什么？对当下中国的学人有何启示？

陈平原：谈新文化运动那代人的姿态，会让今天的读书人感到惭愧。那代人的意志与激情，立场与胸襟，以及学养与情怀，都是今天的读书人所缺乏的。如何选择一个独立思考的位置，获得一个自由辩论的平台，回到坚持自家理念而又能够充分表达的理想状态，对于今天中国的读书人来说，还是颇为奢侈的。

今天中国的读书人，不太敢像五四新文化人那样，非常直率、表里如一地表达自己的思考、困惑和追求。有领导在场和没领导在场说话不一样，人前和人后说话不一样，在媒体上发言，在课堂上讲话和在朋友圈中聊天也不一样。回过头来看，你会觉得五四那代人挺可爱的，他们的见解不见得高深，但文章读起来会有一种心旷神怡的感觉。谁都明白，说得到的不见得就能做得到，但敢于直截了当地说出自己相信的观点，还是很令人羡慕的。我们今天缺的，或许就是这个东西。

（初刊《凤凰周刊》2015 年第 28 期，10 月 5 日，

原题《陈平原：新文化运动是一个播种的时代》）

整个 20 世纪都是五四的时代

——答《东方历史评论》许知远、庄秋水问

以反传统著称的五四新文化运动，曾以一种"以整体批判整体"的反传统姿态睥睨百年，成为一代代人精神成长史上必不可少的对话目标。在标签化评价渐渐褪去之时，这场运动复杂的历史面相渐渐显现。

新文化运动历来被强调新的一面，但它是有历史有渊源的新。如果以代际分析的角度，这场思想震荡其来有自，其酝酿、发端、大成、余波、影响，绵延数代知识人。1917 年胡适先生提倡"文学革命"，以图再造中国文明。时值百年，《东方历史评论》访问陈平原教授，他将梳理数代知识人和五四新文化的关系，清理新文化运动的内在理路。

"在我们的想象中，1978 年就是 1919 年"

东方历史评论：您第一次比较清晰地对五四新文化运动发生兴趣是在什么时候？那个时候为什么会产生这样的兴趣？

陈平原：我是 77 级大学生，77 级的特点是一进学校就碰上了

思想解放运动。1978年，很多名校中文系学生，在各自校园里创办文学杂志，那时候，很容易把自己置身于五四的语境里面。在我们的想象中，1978年就是1919年，都是思想解放，都讲民主、科学、自由。那时我在中山大学念书，中大的学生刊物叫《红豆》。另外，还有十几所大学的大学生合办《这一代》，不过创刊号没有出来，只有少数残本在流传。各地的学生刊物，1979年底就都被停了，办了不到两年。《红豆》总共出了7期，算是多的。各地学生不一样，但我相信，只要办刊物，就都自觉不自觉地把自己放置在"新文化运动"的语境中。

回头看这些杂志，还是蛮感慨的。同样是学生刊物，1978年比不上1919年。拿中大的《红豆》、北大的《早晨》，来跟1919年北大中文系学生为主创办的《新潮》《国故》和《国民》对比，差距很明显。《国故》守旧，《新潮》趋新，《国民》则从事实际政治，借用俞平伯的诗句便是："一班同学化为三。"同一年级的北大中文系学生，因政治立场和文化取向不一样，分别编辑这三个五四时期很有影响的杂志。虽然我们都知道，《新潮》背后有胡适等，《国故》背后有刘师培等，《国民》背后也有李大钊等，但不管怎么说，当初这些学生刊物的水平，都远远超过1978年的我们。也正因为如此，77、78、79级的大学生普遍对五四运动或五四新文化很有好感，常常会把自己置放在那个语境里面来思考问题，包括追溯历史、表彰先进、反省自己等。

后来我念研究生，学的是中国现代文学专业。1982年，我写的第一篇学术论文，题目就是《论白话文运动》。可以这么说，打从学术起步，我就一直关注五四新文化运动。如果说有特别的地方，那就是我写博士论文《中国小说叙事模式的转变》时，第一次把晚清和五四放在一起来讨论。在此之前，五四属于现代文学，而晚清则归入近代文学，是放在古典文学教研室的。我的博士论文把 1898—1927 年这三十年作为一个特定时段来论述，虽然晚清一代和五四一代的知识结构与政治立场有差异，但这两代人共同完成了艰巨的历史转型——中国文学从古典到现代的过渡。

东方历史评论：回到 1979 年，您把当时的你们自比为五四的延续吗？你们对他们的理解从哪些材料来？比如当时能看到《新潮》杂志吗？能看到的材料又是从哪里来？

陈平原：应该说，77、78 级大学生当时并没有那么好的学养，我们能看到《新青年》，并没有读《新潮》，更不会考虑《国故》《国民》等。当时只是驰想，自己似乎是回到那个风云激荡的年代。之所以感觉很熟悉，那是因为，自 1920 年开始，北大师生就不断地、年复一年地纪念五四。某种意义上，五四是一个说出来的"故事"。

一个历史事件之所以能"苟日新，日日新"，不断影响当下，必须靠不断的陈述以及富有创意的阐释。这里面包含不同政治力量之间的角逐，不纯粹是文化人的事。比如，关于五四的传统，最初只是北大师生在说，后来国共两党纷争，国民党抛弃了，而共产党则将其发扬光大。1928 年国民政府定都南京后，为了巩固政权，稳定社会，曾以中宣部的名义发布指令，说共产党擅长闹学潮，要特别警惕那些纪念五四的集会。

也就是说，从 1928 年以后，国民党在把握政策导向时，主动放弃了五四论述，而这是一个非常大的失误。共产党接过了五四的旗帜，自 1939 年陕甘宁边区将其设定为"青年节"，而后每年都举行纪念活动，五年一小庆，十年一大庆。所以，到我这一代人，开始念书的时候，不管学什么专业，都知道五四的基本立场及大概故事。尽管这是一个简化版的、不无偏见的叙述，但毕竟使得很多青年学生十分熟悉甚至认同五四的立场。

东方历史评论：对您那代人来讲，1979 年讲五四的故事，核心是什么？比如对您个人而言？

陈平原：关于五四运动的阐述，曾经深受毛泽东《新民主主义论》的影响，也就是大都围绕反帝反封建来展开。就我的专业而言，五四故事的另一个阐述方向，是由十卷本《中国新文学大系》奠定的。今天广为人知的"大系"，是五四那一代人自我经典化的杰作。五四已经过去二十年了，那一代先驱借编辑《中国新文学大系》，总结自己当初的思想创造、文化建构与文学表达。因为这一代人太精彩了，都是我们敬仰的作家、学者或思想家，因此，他们的自我阐释对后世产生了巨大影响。可以这么说，谈及五四，我们的政治立场及文化趣味受《新民主主义论》影响，我们的文化想象和审美意识则受《中国新文学大系》制约。这两个关键性文本，在很长时间里左右了我们的整个五四论述。最近二十年，这一状态才开始改变；只是接下来的路该怎么走，分歧还是很大。

东方历史评论："新文化运动"和"五四运动"分开，包括文化革命、思想革命和政治革命之间的分离，这种过程对您来说是怎样发生的呢？

陈平原：我关注五四，第一步当然是文学。1985 年和钱理群、黄子平合撰《论"二十世纪中国文学"》及"三人谈"，再加上我的博士论文《中国小说叙事模式的转变》，更多地考虑晚清和五四的对话。这个努力，起码使得五四开天辟地的神话，受到了某种程度的质疑。其实，关于五四运动如何爆发，国共两党都有误读。国民党之所以很长时间拒绝五四传统，那是认定其与苏俄思想传播有密切关系。可回到五四的语境，各种新思潮风起云涌，根本没有定于一尊的可能性。作为政治抗议的五四运动，除了爱国、民主这些口号外，很难说有多少共同立场。我们都知道，共产党当时还没成立，国民党的力量也还没发展到北京，所以，那只是一群受时势刺激的热血青年，为了救亡图存，挺身而出，确实受各种新思潮的影响，但苏俄的声音不占主流地位。

上述这些，学界早有论述，我的工作重点在"五四阐释史"。也就是说，在日后争夺五四精神遗产的时候，国民党为什么失败？起码到目前为止，一般人都认为，五四传统更接近共产党的立场。这个"共识"很有意思，等于是帮助共产党取得了理想性。因为，任何时代的年轻人，都是比较有激情，倾向于理想主义的。

1949 年国民政府败退台湾地区后，开始反省这个问题，知道自己失去了五四论述的主导权，很不应该。于是，1950 年后，公开纪念五四，将其设定为"文艺节"。这样就出现了一个有趣的现象，意识形态截然对立的海峡两岸，都在纪念五四，一边是思想启蒙，一边是文学艺术。相比之下，无论受众规模还是思想境界，"文艺节"都不及"青年节"。海峡那边，剥离了五四运动的政治、伦理、道德的内涵，只谈文学艺术，这种论述方式，我以为是很不成功的。而海峡这边，抓住了充满理想与朝气的年轻人，不管谈启蒙，说救亡，闹革命，还是文化复兴、思想解放等，都显得"高端大气"。这也是为什么1978 年，身处思想解放的风口，我们那一代青年学生会马上拥抱"五四传统"的缘故。

当然，进入 1990 年代以后，学界更多地谈论特定历史语境中五四本身的复杂性。这与八九十年代政治氛围的变化有关。很多人重新阐释晚清的改良主义思潮，对康梁的政治主张，以及启蒙立场的复杂性，多有洞察。另外一个变化，就是对五四运动的理解，也做了重大调整。我的《触摸历史与进入五四》之所以被接受，也与此思潮有关。我们逐渐走出口号与仪式，从宏大叙事转为精细描述，且落实到两代人的生命体验及政治实践中。

这些年，除了专业论述，我不断思考一个话题：时过境迁，五四的意义到底何在？在 2015 年发表的《作为一种"思想操练"的"五四"》中，我谈到五四有很多问题，今天要挑五四的毛病，那实在太容易了，包括新文化人的偏激、天真、思想单纯、学养不足等，很多口号都没有经过深思熟虑，且多"望文生义""一知半解"。但请记得，那是一批识大体、做大事的人物，比起今天很多在书斋里条分缕析、口沫横飞的批评家，要高明很多。从书斋或学问的角度来评论五四新文化人，我以为是不得体的。说这些，是因为我对近二十年中国思想界的日趋保守，很不以为然。逐渐加温的国学热，以及夸张变形的民粹主义，二者相互激荡，使得国人对于历史的反省以及现状的批评，变得十分艰难。

东方历史评论：刚刚您提到过去十年很明显的一个保守的倾向，这跟辛亥革命之后一直到新文化运动那段时间的保守风潮有相似之处吗？

陈平原：不好直接这么表达。但有一些相似点，比如提倡孔教。五四新文化人最直接的一个批判对象，就是当年建立孔学会的陈焕章，他是康有为的学生。陈焕章建立孔教会，希望把它作为国教，这个举动直接导致了《新青年》同人对儒家作为一种意识形态的反省和批判。最近若干年，确有不少儒学家希望走出书斋，由"内圣"转为"外王"，我以为这是危险的信号。

东方历史评论：政治儒家之类。

陈平原：我对作为学问以及重要思想资源的儒家充满敬意，但对作为意识形态的儒学始终保持高度警惕。在当下中国，为寻求文化主体性而独尊儒学，甚至大力表彰陈腐的"二十四孝"，我认为是很不明智的。至于由此而抛弃五四传统，很容易走向自我封闭。回顾晚清以降一百多年的历史，两种情况下，容易催生极端民族主义：第一，国难当头，团结一心，全民抗战，为了提奖士气，不准再说老祖宗的坏话；第二，国家强盛，大家都自信满满，身处此"辉煌时刻"，自然容不得半点质疑、批评与挑刺。这两种极端状态，都曾出现过。在我看来，"自信"必须有"自省"相伴随，方不至于出现大的偏差。目前的状态是，国人对于"国学"乃至"儒家"的论述，颇有无限拔高的趋势，而且，容不得异议。无论政府还是民间，更愿意听到的，都是中华文明——尤其是儒家——如何"高大上"的论述。至于五四新文化人的批评与反省，如今已显得"政治不正确"了。

东方历史评论：需要一种批评意识。

陈平原：这正是"五四精神"的根本。在《诸子学略说》中，章太炎曾批评"儒家之病，在以富贵利禄为心"。不妨暂时搁置这一极端说法，但如果说传统儒家是以维护既定权威、稳定社会秩序、努力进入权力场为工作目标，这应该没错吧？而这与五四新文化人之推崇特立独行，挑战政治权威，强调自我批评，恰好形成鲜明的对照。我承认，风大了，猪也会飞；但我还是希望坚守读书人的自信与立场，不盲从浩浩荡荡的大风与大势。

两代人合力开启现代中国转型

东方历史评论：刚刚您说的"疑"和"信"特别有趣，五四普遍有"疑"的这种精神，那怎么看康有为和章太炎他们这代人呢？他们的核心是什么？

陈平原：其实，康有为、章太炎也是以"疑"开始的，只不过"疑"的方向以及理论资源不同而已。而且，可以这么说，没有一个思想家单凭"信"就能闯出一番新天地的。

东方历史评论：对，那他们是不是在某种更明显的框架里面，应该怎么理解它呢？

陈平原：我的论述，始终把康梁这一代人和五四这一代人放在一起谈。一旦把 1898—1927 年这三十年的舞台连接起来，你会发现，晚清与五四这两代人的思维方式和文化立场是很接近的。你再仔细看看，无论知识结构还是个人修养，反而是陈独秀、鲁迅、胡适这些人和他们的学生辈不一样。

东方历史评论：五四一代和前两代都不一样。

陈平原：不对，我想说的是，五四的学生辈和前两代不一样。前两代——具体说来是晚清及五四这两代人，他们的成长背景、知识储备，以及登上历史舞台时的精神氛围，都与他们的学生辈不一样。这两代人中，鲁迅的精神气质和章太炎很接近；你再看梁启超与胡适，他们之间也有很多共同点，包括学术上开天辟地的气魄，也包括那种建设者的立场，还有百科全书式的视野，以及将政治、学术和文学全都搅和在一起的能力。第三代以后就不同了，基本上走的都是专门家的路子。

五四一代与晚清一代最接近的地方，他们都是从旧学里挣扎出来的。梁启超也好，蔡元培也好，钱玄同也好，鲁迅也好，他们的旧学痕迹都很明显。五四时期，胡适经常说他很羡慕下一代人的"天足"，也就是说，从来没有缠足，天生的大脚，必定是健于行。这里用的是比喻，指向思想、学问、表达乃至个人气质等。意思是，我们这一代人，属于放大的小脚，走起路来难免歪歪扭扭的；下一代就大不一样了，因从来没有缠过足，思想上不受任何束缚，可以有开阔的天空，多么幸福呀。百年后回望，我很怀疑这种基于进化论的乐观主义情绪。反过来，我也特别欣赏晚清和五四那两代人，他们的痛苦与挣扎，是实实在在的，而且成就了其思想的深刻、性格的狂放以及学问的驳杂。你会发现，1930年代以后登上舞台的，大都没在旧学里认真浸泡过，免去了那个挣扎和痛苦，不一定是好事。我喜欢福泽谕吉的一句话："一生而历二世。"某种意义上，这也是一种幸运。

这就好像今天的大学生，比我们那一代人强多了，没受过那么多苦，也没经历过严酷的思想禁锢，一出生就备受宠爱，路走得很顺。我曾问我的学生，有没有过饥饿的感觉？没有。有没有过渴望读书的经验？也没有。而我们这代人，对于生理上以及精神上的饥渴，是有刻骨铭心的感受的。一帆风顺，既是一种幸运，也是一种不幸。所以，我特别看重晚清及五四那两代人因"一生而历二世"所导致的转型的痛苦以及思想的复杂性。

1920年代以后上大学，或者说1930年代以后登上历史舞台的，日后可以成为很好的学者、作家或政治人物。对于他们来说，政治就是政治，学问就是学问，文学就是文学，很少再像梁启超、胡适那样，把做人、做事、从政、治学，以及写诗作文等，全都搅和在一起。身份多重，思想驳杂，时上时下，能雅能俗，加上经常意气用事，这是那两代人特别值得我们关注乃至羡慕的地方。

东方历史评论：您刚刚讲他们的相似性和延续性，那他们的主要分歧在哪儿？

陈平原：同样得益于西学东渐，努力从传统里面挣扎出来，最终化茧成蝶，晚清那一代人的西学知识很有限，主要是从传教士的译著及介绍中得来的。

东方历史评论：比如《万国公报》一类的报刊上。

陈平原：对。在流亡海外之前，康梁等人虽积极提倡变法，但对西学的了解，其实是很浅的。五四那一代人，大体上都在国外待过，或留学，或游学，对外部世界的了解，与基本在传统里面浸泡出来的不一样。而对西学的了解和想象，制约着他们的文化立场与论述方向。康梁那一代，其主张变革，虽有西学的刺激，但主要的理论资源来自传统。《新学伪经考》《孔子改制考》，以及戊戌变法时期的诸多制度建设，从基本理念到论述方式，真的是"中学为体，西学为用"。以传统中国学问为主，比附一点西学，主要服务于改革诉求。相对来说，到了胡适这一代，对西学已有较好的了解。

三十年河东，三十年河西，到了胡适的学生辈，问题倒过来了，缺憾在于对传统中国缺乏必要的温情和理解。记得当年傅斯年在《新青年》上发文章，谈中国戏剧改革，豪气万丈地说：我最有资格谈中国戏剧问题，因为我不懂；不懂即不受污染，能够更好地接受西洋的 drama。未受传统"熏陶"或"污染"，就能更好地接受西学，这种盲目自信，百年后看很好笑。或许正因为缺乏真正的抵抗，接受西学的过程太顺畅，对其复杂性领悟不足，限制了其思想深度。其实，傅斯年出国前在北大念书时，曾极为崇拜章太炎，还是打了很好的传统根基的。后面的学生，越来越不屑于跟传统对话，这才出现了一系列的偏差。

东方历史评论：这两代人哪代人内心更稳定呢？他们都面临着一个巨大的危机时代，但康梁一代在古典中浸淫的时间更长，他们的内心更稳定吗？比起胡适和鲁迅他们这一代人呢？

陈平原：应该说这两代人心态都不稳定。

东方历史评论：充满了焦灼。

陈平原：对，可这正是他们可爱的地方。情绪不稳定，充满焦灼感，"拔剑四顾心茫然"，这是过渡时代人物的共同特征。后面的人跟上来了，自认为找到了真理，心情也就相对平静很多。1930 年代以后国共两党的追随者，都自认为找到了解决问题的唯一正确的办法，因此信心百倍，拼命往前赶。晚清和五四那两代人不是这样的，他们固然"呐喊"，但更多的时候是"彷徨"。这种上下求索的姿态，很让人感动的。

东方历史评论：这两代人您个人情感上认同谁？

陈平原：十多年前我写过《中国现代学术之建立——以章太炎、胡适之为中心》，可以想象，我对这两个人很有好感。

东方历史评论：为什么是章太炎呢？

陈平原：在晚清这一代，章太炎是最有思想深度的，也最值得关注。梁启超思想敏锐，知识博杂，关注的面很广，影响力也很大；但要说建立思想体系，远不及章太炎。而且，章太炎日后影响五四新文化中特别激进的那条线，比如鲁迅、钱玄同。我们都知道，鲁迅的精神气质和思维方式很像章太炎。当然，这里有一条线，往上追，明清两代也有这一类特别叛逆的思想家。

东方历史评论：李贽他们这些人。

陈平原：对。除了传统资源，鲁迅还有尼采等西方榜样。

东方历史评论：所谓的异端。

陈平原：谈晚清及五四的批判精神，须关注中国传统里面的异端。某种意义上，正是借助佛道思想来批评占主导地位的儒家，以及努力恢复先秦诸子学说，使得晚清的思想变革具有某种内发性，而不纯粹是西学东渐的产物。这方面的代表，章太炎最合适，他虽也借用好些西学术语，但其重新激活传统资源的努力，更值得关注。

东方历史评论：那康有为更属于哪个传统呢？

陈平原：康有为我不喜欢。所谓"尚友古人"，除了历史地位，更重精神气质。我不喜欢康有为的独断、自大，以及强烈的权力欲望。

东方历史评论：还有自我吹捧。

陈平原：对，包括编造衣带诏等神话。我知道他在政治史、思想史上地位很高，但就是不喜欢。要说晚清人物，我喜欢梁启超、章太炎，还有刘师培、王国维。另外，也很敬佩蔡元培、张元济等性情温和、中流砥柱般的人物。

东方历史评论：您怎么看严复呢？黄克武认为严复和梁启超带有保守主义的启蒙，是被遮蔽的。他认为如果是按照他们这个启蒙路线，可能中国会非常平稳地过渡到现代社会。

陈平原：严复当然也是了不起的人物，尤其他的《天演论》等西学译述对那个时代有巨大影响。但必须承认，严复的影响力，很大程度是被后世研究者逐渐发掘出来的。我们都承认，要说西学修养，严复远在梁启超之上，可那更接近书斋著述。梁启超追求文章觉世，其著述风靡大江南北，那么多人阅读、传播、思考、阐发，更能体现"过渡时代"大人物的特征，因而更值得关注。

新文化的传播机制

东方历史评论：说到影响力的传播，像余英时回忆五四时他在安徽的一个村庄里，始终不知道新文化的影响。到底该怎么评估五四新文化运动对整个中国社会的影响力呢？

陈平原：我读过余英时先生关于五四的论述，今年去爬天柱山，离他家乡很近，那个地方属于山区，比较偏僻，新文化进入较晚，完全可以理解。谈论新文化的传播，一定得考虑中国的幅员辽阔，以及政治、经济、文化发展的不均衡。城市与乡村、东南与西北，几乎隔着一个时代。现在名满天下的五四新文化，当初只是星星之火，要成燎原之势，有很长的路要走。不是几个北大教授登高一呼，马上就能应者云集、倒转乾坤的。没那回事。当年他们也曾很寂寞，要不怎么会弄出个"王敬轩事件"，不就是为了吸引公众的目光？

我曾有过论述，称要评估新文化的影响力及流播路径，必须把师范学校带进来。为什么？当初大学数量很少，师范学校就很高级的了。更何况，师范学校培养中小学老师，这可是很好的播种机。观察五四时期的浙江一师、湖南一师、直隶女师等，校园里就有很精彩的表现，学生毕业后奔赴南北，更是把新文化的种子带到各个角落。请记得，对于文化传播来说，中小学老师的阅读，是决定性的。他们言传身教，可以影响一个时代的阅读趣味。谈论新文化如何进入乡村，怎样传播开去，必须考虑这些不一定写作的师范生。大学教授的编写教材，以及师范学生的阅读兴趣，这两者对于新文化的传播，起决定性影响。谈文化传播，只看书刊的发行量，那是不够的。掌握了中小学教材编写的权力，五四新文化人的作品于是很快进入了国文课本，用这个方法来传播，事半功倍。

东方历史评论：新文化运动的杂志也好，书籍也好，它们的印刷量同上海的鸳鸯蝴蝶派作品差别很大吗？普通民众一边接触新文化的出版物，一方面又在大量阅读像鸳鸯蝴蝶派这样的文学作品，怎样去理解这种现象？

陈平原：先说读者问题。我将"读者"分解为消费型与理想型两种。消费型读者，就是我把《礼拜六》等书刊买回家，当作休闲读物看；而理想型读者呢，不只自己阅读，还推荐给别人，有进一步传播的能力。多年前我回潮州开元寺，见好多老人围成一圈听读报，主讲人一边朗读，一边发挥，还加了不少精彩的评论。可以想象，在识字率不高的年代，这种传播方式很有效。当然，现在这么读报，是为了便于老人聚会，不全是资讯传播问题。不仅自己阅读，还努力传播开去，甚至模仿写作，这种具有再生产能力的读者，说不定还青出于蓝而胜于蓝呢。这就是理想型读者了。

回过头看，鸳鸯蝴蝶派的读者，基本上是消费型读者；而新文学的接受者，数量虽不多，但属于理想型读者。大学生暑假回家，带着新书刊，不只自己读，还介绍给家人和朋友。这是一个特殊的流通路线，不同于报纸广告或书店售书。

这里有个细节，上过大学的一听就明白。同一个宿舍读书，是有传染性的；若室友狂热地读某本书，你也会有兴趣的。什么样的书能进入大学生的集体宿舍？它的传播半径有多大？交换阅读的频率有多高？这和书店买书不一样，可以意会，但很难准确统计。

还有就是教科书，这个前面已略为提及。到今天为止，朱自清的散文影响还是那么大，为什么？第一，朱自清与叶圣陶合作，有编撰教科书的经验与能力；第二，他的文章特别适合作为国文教材。好文章不一定适合当教材，如俞平伯的文章很美，但不太适合当中小学教材。这些都是技术问题，可技术问题同样影响新文化传播的效果。

东方历史评论：刚才您说了两代人的延续性，某种意义上《新青年》也非常像《新民丛报》的延续啊。

陈平原：《新民丛报》的议政风格，以及对西洋文化的积极推介，这点确实跟《新青年》很接近。考虑到政治立场以及文学探索，将章太炎主编的《民报》，以及梁启超主编的另一本刊物《新小说》带进来，更为全面些。也就是说，一定要我回答《新青年》更像哪些晚清刊物，我会说是《新民丛报》加《新小说》加《民报》。

把别人几百年的历史在一瞬间呈现出来

东方历史评论：刚才您也提到了福泽谕吉，如果把从梁启超到胡适这两代的知识分子跟日本做一个参照的话，会跟他们哪两代人比较像呢？

陈平原：跟日本的明治时代（1868—1911）和大正时代（1912—1926）关系更为密切，时间上也比较接近。虽然"变革"的程度与"维新"的效果不同，但都是英雄辈出的时代。

东方历史评论：20 世纪头二十年，中国社会思想文化的发展好像和世界是同步的，比如说在中国是新文化运动中的一批人，在德国就是魏玛共和国时期的知识分子，在美国可能就是海明威这一代，就中国的思想运动和全球思潮的关系您怎么理解？

陈平原：如此宏大论述，没有准备，我不敢乱说。唯一可以稍为提及的，是语言变革的共通性，现代德语、现代日语、现代汉语，都是在各自现代民族国家建立的过程中，迅速崛起并逐步完善的。大方向是一致的，只不过每个国家的社会状态以及民众教育水平不同，故发展的速度及效果有异。中国现在强大起来了，年轻人很难想象晚清时的积弱贫困，也就不太能理解变革图存的急迫以及自我批判的沉痛。看 1900 年前后中国的影像资料，和同时期美国、日本或欧洲的对比，这差距实在太明显了。那个时候的中国人，如此萎靡不振，今天重温，真是触目惊心。大道理有时候显得"虚"，因容易受论述者政治立场左右；但影像资料摆在那里，非常直觉地告诉我们，那个时候中国人的生活及精神状态确实不行。这就回到刚才提及的语言变革，即便条条大路通罗马，走路速度及精神状态不同，还是有很多差异的。

东方历史评论：比如说像舒衡哲，她把新文化运动比作中国的启蒙运动，这样的比较您觉得合适吗？

陈平原：粗略说说可以，细究就不行。一定要把五四说成是启蒙运动，人家马上对接到法国的启蒙运动，这就有点不太准确了。要我说，从晚清到五四，就是文艺复兴加启蒙运动加法国大革命，这三者混合在一起，既是又不是。大家都知道，《新潮》杂志本来就叫"文艺复兴"。而晚清的时候，《国粹学报》提倡"古学复兴"，也是这个意思。模仿文艺复兴之发掘古希腊，晚清则着力研究先秦诸子。你再看看《新青年》挥舞的旗帜，有文艺复兴，有启蒙运动，也有法国大革命。这三种不同的政治论述与思想资源，在不同人身上会有不同程度的体现。有人倾向这个，有人倾向那个，但所有的人都不是独守一家。也就是说，打开国门，只要是好东西，拿来就用。于是，几百年的历史以及不同的思想潮流，一瞬间全被引进到中国，真的是"异彩纷呈"。这跟改革开放初期一样，我们热情拥抱西学，那时没人细究这诸多思潮之间的内在矛盾，哪个就手，就用哪个。于是，半个多世纪不同流派的西方文学理论被混合使用，术语交叉，望文生义。时过境迁，再阅读那些花里胡哨的论文，你会有眩晕的感觉。

东方历史评论：几个世纪同时涌来。比如尼采就是这样一个现象，他不是启蒙时代的人，但是他是五四一代人的一个重要精神资源。

陈平原：按今天学界的标准，严格说来，没有一场运动可以直接对应。单独的作品，尚且不能保证原汁原味地译介进来，更何况一场思潮或运动？今天的中国学界，很注重晚清及五四的翻译作品，这是对的。谈论西学东渐，不能只谈天下大势，必须进入具体作品的条分缕析。但有一点，在原文与译本之间，还有一个可能并不露面的第三者，那就是日本学界及文坛。我们早年的很多阅读、翻译与阐释，其实受先走一步的日本人的影响。将这个因素考虑在内，论述时更有灵活性与思想深度。

东方历史评论：这种高度的混杂性有些时候催生创造力，有些时候摧毁创造力，从思想、文学的角度，您怎么理解章太炎的实际成就？在我们自己的系统里他是一位大师，但是如果放到一个更宏观的语境中，比如说世界范围内，他还算得上一位世界一流的思想家么？

陈平原：章太炎算不算世界第一流的思想家，我不敢断言。因为，伟大的思想家往往努力解决自己时代的难题，而那个时候中国人的难题和欧洲人的难题是不一样的。那时的世界大势，不由中国人主宰，话语权及传播路径必定大受限制。我们只能说，在中国的现代民族国家建立的过程中，章太炎发挥了重要作用，很了不起。但我不敢说他对同时代亚非拉美的影响力。比起同时代欧洲重要思想家来，章太炎摄取儒释道三家，又加上东洋西洋的思想，驳杂且精深，更重要的是，确实影响了整个社会进程。章太炎并非生活在宁静的书斋里，不是精致而深邃的哲学家，或许那个时代的大人物，本来就该是这个样子。

东方历史评论：清晰的思想家不对了。

陈平原：是的，在一个大转折的时代，太清晰的思想家，反而有问题。不要说民众的接受能力，还有社会发展程度，即便作者本人，往往也都是在与时俱进的状态下，不断修正自己的论述。译介中的误读，表达时的含混，传播中的扩容，以及接受时的创造性转化，都是很正常的现象。理解晚清及五四新文化人的工作，应当既直面他们的误读，也体贴那些误读背后的"创造力"。

东方历史评论：您有一篇文章里面讲，特别可惜新文化运动这种多元的局面很快就结束了，然后"主义时代"来临了。对于参与新文化运动的人而言，他们思想内部的局限性和这个"主义时代"来临有什么内在联系吗？外部因素可能是因为有苏联的影响，那么内部因素应该是怎样的呢？

陈平原：这么说吧，新制度没有完全建立起来的时候，最具感染力，也最具想象力。一旦成功地"新桃换旧符"，很容易又会被定格在某一瞬间。而当外在的政治力量强大到一定程度，个人是很难抵御的。另外，我经历过"文化大革命"，深知在某种特定场合，个人融入集体，会有一种幸福感，甚至热血沸腾，丧失基本的判断力。那种状态下，会有一种催眠式的召唤。晚清及五四两代人思想的丰富与复杂，背后是选择的多样性。北伐完成，国民政府定都南京，这种混沌初开、思想多元的局面一去不复返。

东方历史评论：那是不是又回到所谓的"救亡压倒启蒙"的命题？

陈平原：很难这么说。我强调的是五四立场本身的复杂性。而"救亡压倒启蒙"的说法，很容易演变成"政治压倒了学术"。这样的论述，是我不太能接受的，虽然当初影响很大。记得丸山昇谈过鲁迅最动人的地方，不是纯政治，也不是纯文学，而是政治内在于文学。套用这一说法，我感兴趣的是，思想如何内在于学问。切开来谈，好像很清晰；混合起来，那种巨大的张力，才是最为动人心魄的。我感慨的是，中国读书人本就有"学成文武艺，货与帝王家"的传统，进入现代社会，依旧没能建立起强大的精神力量与抗争意志。无论得势还是失势，独立精神与自由意志都是奢侈品。相对来说，在思想、文化、教育领域，北洋军阀时代反而比较宽松。

东方历史评论：因为是一个多元权力中心的。

陈平原：是的，政权像走马灯一样，你方唱罢我登场。不是执政者鼓励读书人独立思考自由表达，而是人家实在顾不过来。首要任务是保住自己的权力，至于教育等，那是很次要的东西，懒得去管。

东方历史评论：那是一个偶然的自由。

陈平原：乱世中的思想自由，就像我们熟悉的魏晋时代一样。

东方历史评论：从晚清到五四，其实也是一个古典中国开始消失、现代中国建立的过程，那么在这个过程当中，该如何理解过去士大夫的身份转换呢？他们是读这些经书长大的，然后他们的娱乐生活可能是通过诗词、酒令来完成的，在近代社会变迁的过程中，他们的思维方式是什么样子的呢？

陈平原：任何一个时代，或者说任何一种制度，在它方生未生之际，最有魅力。一旦定型了，就会有很多遗憾。生活在一个旧世界崩溃、新世界尚未真正建立的时代，很容易思接千古，驰想天外，那是很幸福的。晚清及五四那两代人，就是这么一种生存状态。

东方历史评论：您说 1979 年在学校的时候，那种自认为的某种回应，应该也包括对这种真性情和相对宽松的环境的怀念吧。但是现在又过了将近三十年了，五四试图建立的以个人主义为核心的一个社会始终没有真正建立起来，作为百年之后的我们，作为一个知识分子您会觉得沮丧吗？

陈平原：不能这么说。我猜测，三百年后再看，整个 20 世纪，就是一个五四的时代。就像我们今天谈启蒙运动，或者看法国大革命一样，都是余波荡漾，延续很长时间的。若用长时段的眼光，百年中国，波澜起伏，有各种偶然因素及复杂性，但如何直面西潮冲击，走出古典世界，这大趋势是第一位的。人的生命太短了，谈论得失成败，一年两年、十年八年，已经了不起了；可对于整个社会来说，百年不算太长。不管你如何怀古，时代大潮推着你往前走，你想退都退不回去。某种意义上，晚清及五四那两代人的选择，已经断了我们的"后路"，你只能往前走，怎么抱怨也没有用。前面会有九曲十八弯，但不会退回到悠闲雅致的古典世界。

怎么看待理想的陨落？以我的经验，第一，"理想世界"本就不存在，记得鲁迅《过客》中的说法，前面既有鲜花，也是坟墓；第二，不管风往哪个方向吹，相信自己的直觉，警惕"乱花渐欲迷人眼"；第三，要有自己的主心骨，大环境左右不了，小环境是能够自己营造的。

让五四一代人的思想去砥砺你的思考

东方历史评论：您说我们要不断回到五四跟五四对话，但是我们也提到第三代、学生那一代，他们其实已经跟传统隔膜了，到现在我们更隔膜了，这种对话您觉得还是可能的吗？还是可以更深入地实现那种创造性的转化吗？

陈平原：某种意义上，每一代人的论述，都跟你当下的处境有关。比如说，现在活跃在舞台上的这一代学人，受过较好的专业训练，回过头来谈五四，必须多一些体贴与谅解。就专业修养而言，他们肯定比五四那一代人好，无论说尼采、伏尔泰，还是谈文艺复兴、法国大革命，都会比五四那代人知道的多得多。因此，很容易产生一种居高临下的"傲慢与偏见"，觉得五四那代人也没什么了不起的，我们早就超越他们了。其实，与五四对话，是一种成长的记忆，也是一种必要的思想操练。也就是说，五四并非现成的样板，而是一块思想的磨刀石。让五四那代人的立场、意志及思维方式，砥砺你的性格，激励你思考、奋进与超越。当然，如能设身处地理解五四那代人的困境，揣摩他们的提问方式与思维习惯，对他们的立场与局限性会有更多"同情之了解"。这是块很好的磨刀石，关键是要善用。

东方历史评论：如果说在晚清那批人里面，章太炎可能是思想最深刻的一个人，那么在五四那代人里除了鲁迅以外，还有谁的思想能力最有时间穿透力？

陈平原：我在北大课堂上说过一句话：读鲁迅的书，走胡适的路。前一句大家都接受，后一句则不见得。鲁迅思想的深刻大家都承认，至于文章的穿透力，很大程度来自作家的艺术敏感与文体自觉。你读鲁迅文章，会热血沸腾；读胡适的则未必。但我以为，胡适文章同样是超越那个时代的。这里的区别在于，身处主流与自居边缘、正面立论与旁敲侧击、建设者姿态与批判者立场——前者很难获得满堂掌声，但不等于不重要。

东方历史评论：新文化运动最成功的地方在哪里？我记得您在一篇文章里说过，在那么多口号里，白话文取代文言文是最大的一个成果。

陈平原：要说有形且最为显赫的成果，当然是白话文了。不管你怎么批评五四，你回不到文言的世界；作为个人兴趣可以，但天下大势，你是无法逆转的。而且，无论理论还是实践，白话文运动都获得了巨大的成功。但我所理解的成功的白话文，既体现在白话文学，也落实为白话学术。这方面，我有好些专门论述，这里就不细说了。在我看来，现代性是一种生活方式，一种思维方式，同时也是一种表达方式。晚清及五四这两代学人殚精竭虑，逐渐建构起来的白话学术，以及相关的著述体例等，时至今日，仍然不可动摇。这比具体的论域、论题或论点，更值得珍惜。

东方历史评论：您怎么看待从晚清到五四知识分子对于时间概念的变化，过去是一种循环的时间，一个向后看的时间，然后一下子迅速变成一个向前看的进步主义的时间，这种转化对人的思维方式有什么样的影响呢？

陈平原：这不是中国独有的现象，现代性基本上就是这个思路。当我们反省线性时间以及进化论思路时，当然可以加入很多新的元素，进行局部的提高。但我们回不到一切向后看、动辄追摹三代之学的时代。今天很多人都在感叹"人心不古"，可我更喜欢章太炎的《俱分进化论》——"若以道德言，则善亦进化，恶亦进化；若以生计言，则乐亦进化，苦亦进化。双方并进，如影之随形，如罔两之逐影，非有他也。"这或许更符合大多数人的认识。既然天下大势"测不准"，那就更多地关注偶然性，抓住一切旁枝逸出的机会，让事态往较好的方向转。

（《东方历史评论》公众号 2017 年 5 月 3 日推出）